Michael Hausdorf, Erich Polzer

Die Führungskraft als Coach

Trainingsbausteine zur Gestaltung
von 2- bis 3-tägigen Seminaren

managerSeminare Verlags GmbH, Bonn

Michael Hausdorf, Erich Polzer
Die Führungskraft als Coach
Trainingsbausteine zur Gestaltung von 2- bis 3-tägigen Seminaren
©2004 managerSeminare Verlags GmbH
Endenicher Str. 282, D-53121 Bonn

Tel: 02 28 / 9 77 91-0, Fax: 02 28 / 9 77 91-99
E-Mail: info@managerseminare.de
http://www.managerseminare.de

Alle Rechte, insbesondere das Recht der Vervielfältigung und der Verbreitung sowie der Übersetzung vorbehalten.

ISBN 3-936075-15-8
Aus der Reihe: Praxishandbuch Trainingskonzept

Lektorat: Ralf Muskatewitz
Cover: Silke Kowalewski
Druck: Druckhaus Köthen, Köthen

Inhaltsverzeichnis

- Vorwort 7
- Anwendung der Trainingsbausteine 9
- Die Trainer-Tools 11
- Warming-up und Vorstellungsrunden 13

Teil I – Mitarbeiterführung

1. Managementgrundlagen
1.1. Führungskraft sein 21
1.2. Definition von Management 22
1.3. Management ist ein Beruf! 24
1.4. Umfang der Managementaufgaben 29

2. Der Managementzyklus
2.1. Darstellung des Managementzyklus 35
2.2. Zielbildung, Planung 36
2.3. Entscheiden, Steuern, Kommunizieren 41

3. Führen als System
3.1. Was bedeutet Führen? 45
3.2. Führen als System 47
3.3. Einflussfaktoren auf den Führungsprozess 52
3.4. Führungsthesen und Analysewerkzeuge 54

4. Führungsverhalten
4.1. Psychologische Grundzusammenhänge 59
4.2. Selbstwertgefühl und Verhaltensänderung ... 63
4.3. Fünf Stufen bis zur Verhaltensänderung 67
4.4. Fünf Führungsprinzipien 70
4.5. Führungsstile 73

5. Mitarbeitermotivation
5.1. Grundlagen der Motivation 77
5.2. Inhaltstheorien zum Thema Motivation 79
5.3. Grundlagen von Leistung und Zufriedenheit 82
5.4. Motivationsmittel 84
5.5. Das Betriebsklima 88
5.6. Übung zur Mitarbeitermotivation 90

Teil II – Mitarbeiter-Coaching

1. Coaching-Grundlagen
1.1. Coach sein 95
1.2. Was ist Coaching? 96
1.3. Settings von Coaching 99

2. Warum Coaching?
2.1. Ziele des Coaching 105
2.2. Mitarbeiternutzen 106
2.3. Lernen von Könnern 108
2.4. Wohlwollende Kontrolle 110
2.5. Argumente, warum Coaching wichtig ist 112
2.6. Einwände gegen Coaching behandeln 113

3. Das Profil des Coach
3.1. Anforderungen an den Coach 117
3.2. Besondere Stärken und Schwächen ergründen 119
3.3. Das Persönlichkeitsprofil 123
3.4. Fragebogen zur Überprüfung des Coaching 125

4. Die Anwendung des SNA-Stärkenprofils
4.1. Einführung 131
4.2. Der SNA-Selbsttest 133
4.3. Stil-Beschreibungen 142
4.4. Stil-Bewertungen 144
4.5. Stil-Zuordnung 147
4.6. Stärken nutzen und ausbauen 150

5. Training-on-the-job
5.1. Training-on-the-job vs. Coaching 163
5.2. Die Methoden des Training-on-the-job 166
5.3. Training-on-the-job in der Praxis 168
5.4. Der Arbeitsablauf des Training-on-the-job 169
5.5. Zusammenfassung 170

6. Der Coaching-Prozess
6.1. Die Vorbereitung 173
6.2. Die Beobachtung 175
6.3. Das Coaching-Gespräch 177
6.4. Die Nachbereitung 179

7. Die fünf Phasen des Coaching-Gesprächs
7.1. Die Selbstanalyse 183
7.2. Die Verhaltensbeschreibung 185
7.3. Die Verhaltensbewertung 187
7.4. Die Verhaltensempfehlung 188
7.5. Die Vereinbarung 189

8. Arbeitsmaterialien zum Mitarbeiter-Coaching
8.1. Materialien zur Vorbereitung 193
8.2. Materialien zur Beobachtung 202
8.3. Materialien für das Coaching-Gespräch 205
8.4. Materialien zur Nachbereitung 211

- Akquisitionshilfe zur Präsentation des Trainings „Die Führungskraft als Coach" 215

Vorwort

Was Sie erwartet

Im Berufsleben fast jeder Führungskraft sind Planerstellungen und -umsetzungen selbstverständliche Bestandteile. Budget-, Kosten- und Umsatzpläne, Urlaubspläne, Zeitpläne, Projektpläne und auch Personalpläne regeln und unterstützen das Einhalten von Zielen und Prozessen.

Wenigstens ebenso wichtig ist es, für die eigenen Mitarbeiter einen Trainings- und Coaching-Plan zu entwickeln. Dieser würde gewährleisten, dass auch die Mitarbeiter ihre vorgegebenen Ziele kennen und verfolgen können. Leider ist dies in vielen Fällen noch längst nicht selbstverständlich.

In der täglichen Praxis stellen wir fest, dass Coaching zwar ein Begriff für fast alle Führungskräfte ist, doch in der Handhabung und im Tagesablauf fast immer vergessen wird, da sich die Führungskraft häufig zu stark mit dem Tagesgeschäft und den eigenen operativen Aufgaben beschäftigt. Im Trubel des Geschehens nimmt der eigentliche Auftrag, Mitarbeiter konsequent zu führen, schnell eine untergeordnete Managementfunktion ein.

Die meisten Führungskräfte nehmen ihre Coaching-Aufgaben nicht oder nur unzureichend war. Dabei bildet Mitarbeiter-Coaching, also Helfer und Vorbild zu sein, erst die Voraussetzung und Grundlage des Führens durch Zielvereinbarung, der Delegation von Aufgaben und Verantwortung.

Nur wer in der Lage ist, seine Mitarbeiter zu unterstützen, ihnen zu helfen, Stärken auszubauen und Schwächen zu korrigieren, wird seine Mitarbeiter dazu bringen, Aufgaben verantwortlich zu übernehmen und erfolgreich umzusetzen.

Deswegen ist es notwendig und eine Forderung an die Führungskraft, dass sie sich die Zeit nimmt, sich im Sinne des Coaching-Gedankens um die eigenen Mitarbeiter zu kümmern. Training-on-the-job, d.h., sich mindestens einmal pro Woche unterstützend um jeden Mitarbeiter zu kümmern, bedeutet mittel- und langfristig für die Führungskraft, mehr Zeit zu haben für ihre eigentlichen Aufgaben. Aus dem Coaching-Ansatz heraus entwickelt die Führungskraft mit dem Mitarbeiter den notwendigen Trainingsbedarf und den Trainingsplan.

Die besondere Herausforderung des Führungskräfte-Trainers besteht darin, seinen Teilnehmern Nutzen und Bedeutung des Systems „Mitarbeiter-Coaching" zu verdeutlichen und ihnen die erfolgreiche Anwendung der vorhandenen Instrumente zu ermöglichen. Im Idealfall wird die trainierte Führungskraft später als Teamcoach in der Lage sein, ihre Mitarbeiter gezielt zu fördern und sie in ihren Entwicklungsprozessen begleiten zu können.

In diesem Buch werden entlang des Themas stark verdichtete Trainingsbausteine und Methoden beschrieben, die sich in der Praxis bereits bewährt haben und die somit wertvolle Orientierung und Anregung für die Gestaltung eines Führungstrainings liefern. Alle Anregungen setzen kontinuierliches Üben und Trainieren voraus, um nach dem Motto „Vom Kennen zum Können" entsprechende Verhaltensänderungen im Laufe der Zeit herbeizuführen.

Sämtliche vorgestellten Trainingsbausteine sind beim Bildungsanbieter STS seit Jahren erfolgreich im Einsatz. Aufgrund des Multiplikatoreffekts durch die konsequente Ausbildung von Führungskräften zu internen Coaches wurden im Laufe der Zeit nach dieser Methode viele tausend Menschen in Unternehmen unterschiedlichster Branchen und Größen trainiert.

Wir wünschen nun auch Ihnen bei der Umsetzung dieses vielfältigen Angebots an Trainingsbausteinen in Ihre Praxis gutes Gelingen.

Michael Hausdorf und Erich Polzer

Anwendung

Wie Sie die Trainingsbausteine nutzen

Dieses Buch vermittelt Ihnen vielfältige Anregungen, wie Sie Führungstrainings auf unterschiedliche Weise erfolgreich konzipieren und durchführen können. Lernen Sie ein Trainingsdesign kennen, das in abgewandelter Form bereits vielfach für STS-Kunden durchgeführt wurde und sich somit bereits überzeugend in der Praxis bewährt hat. Sie erhalten einen tiefen Einblick in den methodischen Werkzeugkasten eines Bildungsanbieters, der seit langen Jahren sehr erfolgreich speziell im Bereich Führungs-, Verkaufs- und Servicetraining tätig ist.

Was Sie erwartet, sind Handlungsempfehlungen für ein sehr bodenständiges, in erster Linie auf den optimalen Führungserfolg abgestimmtes Training. Sie werden merken, dass Sie die Inhalte leicht auf Ihre individuelle Situation, auf Ihren Trainingsstil und Ihren Kundenkreis umformulieren können. Lassen Sie weg, was Ihnen nicht zusagt oder vertiefen Sie die Passagen, in denen Sie Schwerpunkte setzen möchten.

Betrachten Sie bitte auch die Zeitangaben als Vorschläge, an denen Sie sich orientieren können. Sie hängen natürlich sehr von der Einzelsituation ab.

Das Trainingsziel

Lernziele, die Sie mit Hilfe der angebotenen Bausteine mit Ihren Teilnehmern erreichen können, sind: Das Erkennen von Managementprozessen, von wichtigen Führungsprinzipien, von Führungsaufgaben und -verhalten, der Umgang mit Motivationsfaktoren, die Umsetzung eines Coaching-Plans, das Durchlaufen eines Coaching-Gesprächs.

Hierfür wollen Sie bei Ihren Teilnehmern das **Können** im Umgang mit dem Mitarbeiter fördern, damit sie ihrer Führungsaufgabe gerecht werden können. Wissenschaftliche Untersuchungen haben gezeigt, dass sich der höchste Haftwert (Erinnerungsinhalt und -menge) eines Lehrstoffes ergibt, wenn die Lehrmethode drei Lernwege vereint:

- Hören,
- Sehen,
- Tun.

Deshalb empfehlen sämtliche STS-Programme entsprechende Hilfsmittel und Trainingsmaterial. Dadurch und durch ein kontinuierliches Training wird ein optimaler Lernerfolg sichergestellt und die Anwendung der erlernten Techniken beim Teilnehmer allmählich zu einem reflexgesteuerten Vorgang. Es empfiehlt sich, mit Ihren Auftraggebern gezielte follow-ups zu vereinbaren, um Einzelfähigkeiten vertiefen, auffrischen oder auf den aktuellen Stand bringen zu können.

Der Aufbau der Trainingsabschnitte

In den folgenden Kapiteln wird die sehr komplexe Führungsthematik in einzelne Abschnitte aufgeteilt. Diese Aufteilung gibt Ihnen Gelegenheit, sich aus der Gesamtheit des Baukastens kleine Einheiten herauszunehmen.

Für jeden Trainingsabschnitt erhalten Sie eine Zeitempfehlung, die allerdings nur einen grobe Orientierung sein kann: Abhängig davon, welche Schwerpunkte Sie im Training setzen, werden die Zeiten sehr stark variieren.

Jeweils zu Beginn eines neuen Bausteins finden Sie eine Zusammenfassung sämtlicher Trainingsziele, die Sie mit Ihren Teilnehmern erreichen können, wenn Sie Ihr Training dem hier vorgeschlagenen Trainingsverlauf anpassen. Auf diese Weise haben Sie selektiven Zugriff auf alles, was Ihnen für Ihr Führungstraining hilfreich sein kann.

Hilfsmittel

Die Trainer-Tools

Der Bildungsanbieter STS verwendet eine Reihe von Hilfsmitteln (Trainer-Tools), die sich bislang zur effizienten Durchführung von Trainings dieser Kategorie bewährt haben. Diese Tools tauchen in den einzelnen Modulen immer wieder auf. Ihr genereller Nutzen und die Art der Anwendung werden hier erläutert.

Die Tools im Einzelnen:

- **Arbeitsaufgabe(n)**

Zur Einstimmung in das Thema beantworten die Teilnehmer die Fragen der Arbeitsaufgabe schriftlich, ehe das Thema behandelt wird. Der Trainer kommt während der Präsentation des Themas dann auf die Antworten zurück, wenn sich die entsprechende Fragestellung bei der Besprechung des Unterthemas ergibt.

- **Präsentationsvorlage(n)**

Per Overhead-Vorlage oder Beamer-Präsentation haben Sie Gelegenheit, Ihre wichtigsten Aussagen zu visualisieren bzw. in Inhalte überzuleiten und damit den Lernvorgang bei Ihren Teilnehmern wirksam zu unterstützen. An den entsprechenden Stellen sind Bildvorschläge in den Text eingefügt.

- **Reaktionskartentraining (bei Bedarf)**

Ein Reaktionskartentraining schließt sich üblicherweise an eine Gesprächstechnik-Einheit an, um die bis dahin behandelten Techniken spielerisch mit passenden (möglichst praxisnahen) Gesprächsbeispielen zu vertiefen. Das Reaktionstraining wird mit Hilfe von Reaktionskarten durchgeführt. Dies sind vorbereitete Stichwortgeber (Worte, Phrasen, Sätze), mit deren Hilfe Sie kleine Rollenspiele unter Ihren Teilnehmern inszenieren können. Vor dem Training drucken Sie die Stichwortphrasen einzeln auf verschiedenfarbigen Karton aus. Im Training können Sie die Karten dann auf vielfältige Weise mit unterschiedlichem Zeitaufwand verwenden, z.B.:

1. Sie können mit Hilfe der Karten Beispiele zu den behandelten Techniken visualisieren.
2. Sie können einzelne Teilnehmer auf Zuruf auf ein Stichwort reagieren lassen.
3. Sie können ein Training mit dem Nebenmann anregen, d.h. der eine gibt das Stichwort, der andere reagiert darauf.
4. Die Teilnehmer nennen eigene, nicht auf den Reaktionskarten erfasste Situationen und fordern einen Teilnehmer zur Beantwortung auf.

Die hier vorliegende Bausteinsammlung konzentriert sich jedoch weniger auf das Training von Gesprächstechniken, als vielmehr auf übergeordnete Bereiche. Empfehlenswerte Konzepte zu Gesprächstechniken finden Sie aus der gleichen Reihe in den Titeln „Verkaufstechnik" und „Präsentationstechnik im Verkaufsgespräch".

- **Arbeitsblatt**

Nach der Behandlung eines Themas dient ein Arbeitsblatt der Verständniskontrolle und intensiviert den Haftwert durch die zu formulierenden schriftlichen Antworten und Beispiele zu den Themen und Gesprächstechniken. Einzelne Teilnehmer werden aufgefordert, ihre Antworten vorzulesen. Die Antworten werden im Plenum diskutiert und die Arbeitsblätter ggf. ergänzt. Gute Ideen werden auf diese Weise festgehalten.

- **Memokarte (bei Bedarf)**

Auf der Memokarte werden die wesentlichen Trainingsinhalte strukturiert und verdichtet dargestellt. Sie kann dem Teilnehmer als „Spickzettel" mit auf den Weg gegeben werden.

- **Formulare/Checklisten/Übungen**

Können je nach Bedarf entweder direkt im Training zum Einsatz kommen oder als Blanko-Vorlage den Teilnehmern zur Bewältigung ihrer künftigen Aufgaben mitgegeben werden.

Einstieg

Warming-up und Vorstellungsrunden

Das Vorstellungsinterview

Lernziele:
Informationen über die berufliche Identität der anderen Seminarteilnehmer erhalten; die Persönlichkeit der anderen Teilnehmer kennen lernen, um sicherer mit ihnen umgehen zu können.

Instruktionen an die Teilnehmer
Stellen Sie Ihren Teilnehmern folgende Aufgaben:

„Bisher waren Sie gewohnt, sich persönlich vorzustellen, wenn Sie mit Ihnen bis dahin unbekannten Personen zusammen kamen.

Heute wollen wir ein für Sie vielleicht neues Vorgehen wählen:

Sie erhalten die Gelegenheit, sich mit einem Mitteilnehmer Ihrer Wahl intensiv zu unterhalten, um den oben angeführten Zielen näher zu kommen. Im Anschluss an das beiderseitige Interview stellen Sie im Plenum bitte Ihren Gesprächspartner vor.

Sie haben für das Interview 15 Minuten Zeit zur Verfügung."

Kommentar:
Eine seriöse und relativ unaufwändige Übung, um Ihre Teilnehmer miteinander bekannt zu machen. Der Erinnerungswert ist besser als in einer klassischen Vorstellungsrunde.

Wir lernen uns kennen

Lernziel:
Festsstellen: Wie wirke ich als Person auf andere?

Instruktion an die Teilnehmer
Veranlassen Sie Ihre Teilnehmer zur Lösung der folgenden Aufgabe:

„Bitte stellen Sie sich den anderen Teilnehmern vor und geben Sie uns Auskunft zu folgenden Punkten (Denkanstöße):

- Name, Vorname
- Wohnort
- Ausbildung
- Beruflicher Werdegang
- Arbeit in Vereinen, Ausschüssen usw.
- Hobbys und Interessen
- Besuch von Weiter- und Fortbildungsveranstaltungen
- Persönliche Erwartungen an das Seminar
- Stärken und Schwächen
- Was Sie sonst noch für wissenswert erachten.

Bei dieser Übung sollen Sie sich den anderen gegenüber richtig ‚verkaufen'. Besondere Aufmerksamkeit widmen Sie dabei bitte der Darbietung Ihrer Hobbys und Interessen. Diese sollten Sie besonders wirkungsvoll präsentieren, d.h: Nutzen Sie bei der Präsentation Ihrer Hobbys und Interessen unbedingt die Ihnen bekannten Medien (Folien, Plakate, Pin-Wand usw.).

Zur Vorbereitung haben Sie 15 Minuten Zeit, Materialien stehen zur Verfügung. Bitte achten Sie darauf, dass Ihre Präsentation nicht länger als vier Minuten ausfällt."

Kommentar:
Diese Kennenlern-Übung ist deutlich vorbereitungsintensiver und fällt auch in der Präsentationsphase aktiver aus. Sie ist ein interessanter Einstieg bei Kommunikations-, Präsentations- und Verkaufstrainings. Der Trainer erhält einige Informationen zum Darstellungs- und Kommunikationsverhalten seiner Teilnehmer.

Seminareinstieg

Kennenlern-Memory

Lernziele:
Auflockerung; ins Thema führen; Vorerfahrungen der Teilnehmer abklären.

Instruktion der Teilnehmer
Die Teilnehmer schreiben auf bereitgestellte Moderationskarten ihre Namen und legen anschließend die ausgefüllten Karten verdeckt im Raum verteilt aus. Auf einer andersfarbigen Moderationskarte notiert jeder Teilnehmer eine Frage, die er gerne von den anderen beantwortet haben möchte. Diese Frage sollte bereits im Zusammenhang mit dem sich anschließenden Thema stehen, beispielsweise die Einstellung zum Seminarthema o.ä. Auch diese Karten werden verdeckt verteilt.

In der zweiten Phase deckt ein Teilnehmer nun eine Namens- und eine Fragekarte auf. Die Person, deren Name aufgedeckt wurde, darf die Frage beantworten usw.

Kommentar:
Diese Einstiegsübung eignet sich gut bei Gruppen, die sich bereits kennen (z.B. in firmeninternen Trainings), die dennoch ein Warming-up benötigen. Sie dauert etwa 30 Minuten. Moderationskarten und Stifte bereitstellen. (Quelle: Axel Rachow, Spielbar, Bonn 2000)

Lügen-Interview

Lernziele:
Warming-up; Teilnehmer kennen lernen und einschätzen.

Instruktion der Teilnehmer
Die Teilnehmer finden sich paarweise zusammen, interviewen sich zu vier vorher festgelegten Themen (z.B. Beruf, Hobby, Lieblingsessen, Urlaubswunsch – oder zu Themen, die bereits mit dem Trainingsinhalt zu tun haben) und notieren ein Portrait des anderen. Die Antworten jeder Person werden auf jeweils einem Papierbogen geschrieben, wobei jedoch eine Information gelogen sein muss.

Nach 20 Minuten stellen sich die Personen gegenseitig im Plenum vor. Eine dritte Person aus der Teilnehmerschaft darf raten, welche Information erlogen ist.

Kommentar:
Einschätzungsspiel von etwa 30 Minuten Dauer, was allerdings in der Präsentationsphase vom Seminarleiter moderiert werden muss. Es lohnt sich, die Papierbögen während der Veranstaltung hängen zu lassen. Benötigt werden: Ein vorbereitetes Musterplakat, Plakatvordrucke, Stifte und Klebeband. (Quelle: Axel Rachow, Ludus & Co., Bonn 2002)

Teil I
Mitarbeiterführung

1. Managementgrundlagen

Erreichbare Trainingsziele

- Urteile und Vorurteile zum Thema Führen klären.
- Teilnehmer erkennen, dass Management bedeutet, die Aufgaben von Mitarbeitern ausführen zu lassen.
- Lernen, wie ein Manager zu denken.
- Die Verteilung von Managementaufgaben im Vergleich zu Fachaufgaben erkennen.
- Die Ursache der Managerkrankheit erkennen.

Trainer-Tools

- Arbeitsaufgabe
- Vortrag mit Präsentationsvorlagen (Overhead, PowerPoint)
- Gruppendiskussion

1. Managementgrundlagen

1.1. Führungskraft sein 21

1.2. Definition von Management 22

1.3. Management ist ein Beruf! 24

1.4. Umfang der Managementaufgaben 29

1. Managementgrundlagen

1.1. Führungskraft sein ...

Lernziel:
Urteile und Vorurteile klären.

Arbeitsaufgabe oder Diskussion

Folie auflegen oder Inhalte als Handout (Arbeitsaufgabe) zum Einstieg in das Thema verteilen und Teilnehmer per Diskussion zu eigenen Beiträgen aktivieren:

Zeitbedarf:
10 Minuten

Visualisierungshilfe:

Was Leute so sagen

Führungskraft sein ist

... wenn du nicht mehr zu arbeiten brauchst.

... wenn man vor lauter Arbeit nicht mehr zur selben kommt.

... wenn man endlich dort ist, wo man hin wollte und feststellt, dass man dahin will, wo man schon war.

... die Krone der Schöpfung – sagte eine Führungskraft.

... wenn man gar nicht so schnell zur Seite springen kann, wie die Probleme auf einen zukommen.

... wenn... (Sie sind herzlich eingeladen, hier weiter zu machen)

Kommentar:
Eignet sich besonders, um ins Thema zu finden, um Teilnehmer zu aktivieren und für die zu behandelnden Problemstellungen zu sensibilisieren. Der Einsatz hängt natürlich von der Art der Gruppenzusammenstellung ab und sollte auch nicht überstrapaziert werden.

Kann z.B. auch als Arbeitsauftrag per e-Mail vor dem Seminar verteilt und von den Teilnehmern ergänzt werden.

1.2. Definition von Management

Vortrag

Zeitbedarf:
10 Minuten

Definition (Lernziel):
Management heißt zu erreichen, dass Aufgaben durch Mitarbeiter ausgeführt werden.

Anders ausgedrückt: Die Führungskraft erreicht, dass bestimmte Ziele durch die ihr zur Verfügung stehende Organisation (Mitarbeiter) erreicht werden. Diese kurze Definition weist auf die zwei wichtigsten Säulen des Managements hin:

Visualisierungshilfe:

Die zwei Säulen des Managements

1. Jede Management-Tätigkeit muss zielorientiert sein.

2. Management heißt, Dinge nicht selbst zu tun, sondern Aufgaben von Mitarbeitern ausführen zu lassen!

Zu 1. Jede Managementtätigkeit muss zielorientiert sein, d.h., es muss festgelegt werden, wer was, wie und mit welchen Mitteln erreichen soll. Zielsetzung, Planung, Organisation, Führung, Steuerung, Kontrolle und Kommunikation sind dabei die wichtigsten Elemente.

Zu 2. Management weist aber auch darauf hin, dass Führungskräfte Aufgaben nicht selbst ausführen, sondern sie durch andere Menschen ausführen lassen. Dabei sind die Führungstechniken von großer Bedeutung (die Vereinbarung von Leistungsstandards, Leistungsbewertung, Mitarbeiterbeurteilung, Kommunikation, Motivation usw.)

1. Managementgrundlagen

Andere Definitionen von Management sind beispielsweise:

Management heißt: Menschen und materielle Mittel in dynamischen Organisationseinheiten zusammenzufassen, die ihre Ziele zur Zufriedenheit derer erreichen, für die sie arbeiten, und zwar mit hoher Arbeitsmoral und Zufriedenheit bei denen, die die Arbeit leisten. *(American Management Association)*

Oder:

Management heißt: Menschen umweltbezogen in einem dynamischen Analyse-, Entscheidungs- und Kommunikationsverfahren so zu führen, dass Ziele durch planvolles, organisiertes und kontrolliertes Leisten erreicht werden.
(Deutsche Management-Gesellschaft e.V.)

Kommentar:
Gute Basis, um von dort aus in unterschiedliche Bereiche einzusteigen, z.B. in die Themen Ziele und Zielfindung, Mitarbeiterführung, Führungsstil, Motivation, Kommunikation, Teamcoaching, etc.

1.3. Management ist ein Beruf!

Vortrag und Diskussion

Lernziel:
Management ist kein Zufallsprodukt.

Zeitbedarf: 30 Minuten

Wenn Management ein Beruf ist, so folgt daraus, dass zahlreiche Grundsätze und Tatsachen von Vorgängern in diesem Beruf als gültig erkannt worden sind und von dem (angehenden) Manager ohne Experimentieren und ohne Kompromisse akzeptiert werden sollten.

Man stelle sich einen Arzt vor, der ohne jahrelange Grundausbildung versucht, Menschen zu heilen. Wie häufig wird dagegen der Versuch unternommen, ohne entsprechende Vorbildung Menschen zu führen. Wenn ein Arzt Jahre braucht, um zu lernen, wie man Menschen heilt, so sollte es an sich nur natürlich sein, von einem Manager zumindest einige Monate des Studiums der Menschenführung zu fordern. Jeder weiß, wie die Realität aussieht.

Visualisierungshilfe:

Im Laufe des Berufslebens gelernt	Im Laufe des Berufslebens benötigt
Ausführende Tätigkeiten	Ausführende Tätigkeiten
Management-Skills	Management-Skills

1. Managementgrundlagen

Die Teilnehmer richten an dieser Stelle den Blick selbstkritisch auf ihre persönliche Situation:

- Durch wen oder was wurden Sie befähigt, Mitarbeiter zu führen?
- Wer oder was hat Sie auf Ihren Beruf als Manager/Führungskraft vorbereitet?

Weitere Impulse:
Wenn ein Mitarbeiter auf eine Management-Position berufen wird und keine andere Qualifikation besitzt als beispielsweise verkäuferische Kenntnisse, so benötigt er ein großes Maß an angeborenem Talent, um als Chef erfolgreich zu sein.

Es ist aber weitgehend eine Frage des Zufalls, ob er dieses Talent besitzt. Natürlich werden die Chancen eines Misserfolges heute dadurch verringert, dass er von einer wachsenden Anzahl ausgebildeter Manager umgeben ist.

Wenn ein junger Manager nicht zufällig auf die richtigen Methoden des Managements stößt, so wird er bald in Schwierigkeiten geraten und Komplexe entwickeln.

Management ist eine Kunst und eine Wissenschaft. Eine Kunst, weil gewisse spezifische Begabungen und Fertigkeiten notwendig sind. Und eine Wissenschaft, weil eine sehr umfangreiche Sammlung von Erkenntnissen vorliegt und es gewisse Grundsätze für die wichtigsten Management-Tätigkeiten gibt.

Management, also die Fähigkeit, zu erreichen, dass Aufgaben durch Mitarbeiter ausgeführt werden, ist überall dort zu finden, wo eine Gruppe von Menschen unter der Leitung eines Vorgesetzten an der Erreichung bestimmter Ergebnisse arbeitet.

Management ist daher nicht auf die Wirtschaft oder die Industrie beschränkt, sondern ist ebenso in Genossenschaften, öffentlichen Körperschaften, in der Politik, im Krankenhaus oder in der Kirche zu finden. Im Prinzip wird überall dasselbe gemacht.

Visualisierungshilfe:

Motoren in japanischen, deutschen und amerikanischen Autos sind Verbrennungskraftmaschinen, die alle nach dem selben Prinzip arbeiten; trotzdem sind diese Motoren verschieden. Management in Asien, im sozialistischen Bereich und im westlichen Industriestaat ist im Prinzip das gleiche; in einzelnen Auswirkungen oder in der besonderen Hervorhebung bestimmter Merkmale gibt es Unterschiede.

Teilaspekt:
Viele Manager handeln nicht als Manager, weil sie nicht als Manager und Unternehmer denken.

Management ist vor allem eine Frage des Verhaltens. Wie oft passiert es uns, dass wir die Schuld für ein Versagen unserer eigenen Abteilung bei Kollegen, bei unseren Mitarbeitern oder bei dem Chef suchen. Zu allerletzt – wenn überhaupt – denken wir an uns und daran, dass wir selbst vielleicht etwas falsch gemacht haben. So wie wir uns verhalten, werden sich auch unsere Mitarbeiter verhalten.

1. Managementgrundlagen

Dazu gehört, dass ein Manager sich selbst ständig weiterentwickeln muss. Wenn Mitarbeiter genau dieselben Aufgaben auf genau dieselbe Weise erledigen wie vor fünf Jahren, dann hat der Vorgesetzte seinen Job nicht verstanden.

Wie wir die vergangenen zehn Jahre managten, muss nicht unbedingt richtig sein für die nächsten zehn Jahre. Eine wichtige Aufgabe des Vorgesetzten ist daher, Änderungen gegenüber aufgeschlossen zu sein.

**Teilaspekt:
Vorgesetzte sollen agieren, nicht reagieren.**

Manager kennen die Zukunft, denn sie machen die Zukunft; sie planen, steuern ihre Mitarbeiter in die geplante Richtung, sind sich nicht nur im Klaren darüber, was getan werden soll, sondern auch, wie es getan werden soll.

Der englische Begriff „Management" wird mit „Unternehmensführung", „Führung" oder „Leitung" übersetzt. Der Manager ist demnach „Vorgesetzter", „Führungskraft", „Leiter".

Management ist immer als Einheit anzusehen. Wenn das Prinzip der Einheit nicht beachtet wird, kommt es leicht zu einer Überbetonung von Details oder zum falschen Setzen von Akzenten.

Wann immer ein Manager plant, setzt er Ziele. Wann immer er organisiert und informiert, betreibt er Kommunikation. Wann immer er beurteilt, motiviert er.

So, wie bei der Entstehung der Welt nicht zuerst alle biologischen, dann alle chemischen, in der Folge alle physikalischen Entwicklungen vor sich gingen, sondern alle diese Teilentwicklungen organisch abgestimmt auf einmal abliefen, so sollte auch der Manager zu jeder Zeit das gesamte Instrumentarium, das ihm zur Verfügung steht, ausgewogen einsetzen.

Eine Überbetonung der *Zielsetzung* würde beispielsweise dazu führen zu sagen:

„Weil in unserem Unternehmen Ziele gesetzt werden, zwingen wir unsere Mitarbeiter, das Äußerste zu geben; unsere Fluktuationsrate liegt allerdings bei 30 Prozent pro Jahr."

Die Überbetonung der *Motivation* zum Beispiel führt zu folgender Feststellung:

„Sicher stimmt es, dass unser Unternehmen schon einige Jahre Verlust macht, aber sehen Sie sich doch unsere Mitarbeiter an: Wie glücklich sie sind, hier zu arbeiten."

Teilaspekt:
Die Aspirin-Methode

In diesem Zusammenhang kann auch die „Aspirin-Methode" erwähnt werden: Wenn wir Kopfweh haben, nehmen wir ein Aspirin und bezwingen damit die Symptome – nicht jedoch die Ursachen. Genauso wird häufig im Management verfahren:

Management-„Heilapostel" verkünden zum Beispiel, dass man nur Stellenbeschreibungen im Unternehmen einführen müsste, und schon hätte man die Voraussetzungen für gutes Management.

Stellenbeschreibungen, Pläne oder Organisationsdiagramme sind jedoch nicht Management an sich, sondern nur (wenngleich wertvolle) Managementhilfen, die nur im Gesamtzusammenhang eingesetzt helfen können.

Kommentar:
Alle Punkte dieses Abschnitts sind sehr gut geeignet für das Training von Führungsnachwuchs. Dieser Teilnehmerkreis ist häufig mit der Situation konfrontiert, kraft Funktion führen zu müssen, darauf aber von der universitären Ausbildung her nicht vorbereitet zu sein. Dieser klassische Konflikt führt nicht selten zu Unsicherheiten und damit zu Fehlverhalten.

1. Managementgrundlagen

1.4. Umfang der Managementaufgaben

Lernziel:
Die Managementaufgaben nehmen mit steigender Funktionsebene zu – und gleichzeitig nehmen die Fachaufgaben ab.

Vortrag mit Präsentationsvorlage

Zeitbedarf: 20-30 Minuten

Man stelle sich ein Unternehmen bildlich vor. Die Senkrechte stellt die verschiedenen Führungsebenen dar, von der Geschäftsführung bis zum Sachbearbeiter, die Waagerechte stellt die Zeit dar, die diese Funktionen mit der Erzielung von Leistungen verbringen. Diese Zeit setzen wir 100 Prozent.

Visualisierungshilfe:

Ihr Unternehmen

- Geschäftsführung
- Vertriebsleiter national
- Verkaufsleiter/Abteilungsleiter/Key-Account-Manager
- Außendienstmitarbeiter

Leistungszeit

Managementaufgaben

Fachaufgaben

Man erkennt, dass auf allen Funktionsebenen zwei Aufgabenbereiche vorhanden sind: die Managementtätigkeit und die fachlichen Aufgaben. Das heißt, dass man in jeder Funktion und auf jeder Ebene einen bestimmten Prozentsatz der Zeit Managemententscheidungen trifft und einen bestimmten Prozentsatz fachliche Entscheidungen.

Ein mögliches Beispiel:

Der Vertriebsleiter national sagt zu seinem Verkaufsleiter: „Übernehmen Sie bitte nächsten Monat vertretungsweise Aufgaben von mir, bitte arbeiten Sie bis heute abend ein genaues Reiseprogramm aus; wenn Sie eine Frage haben, können Sie mich heute nachmittag beim Händler A erreichen, wo ich eine Präsentation durchführe."

Hier haben wir das Beispiel für eine Managementscheidung (Neuverteilung von Aufgabenbereichen) und eine fachliche Tätigkeit (Präsentation) des Vertriebsleiters national.

Dem Diagramm entnimmt man, dass der Zeitanteil der Managemententscheidungen zunimmt, je höher die Funktionsebene ist; der Anteil der fachlichen Entscheidungen nimmt jedoch ab. Das sieht in der Theorie sehr logisch aus, ist aber eines der schwierigsten Managementprobleme in der Praxis überhaupt: Die meisten Manager werden zu Beginn ihrer Berufslaufbahn nicht als Manager eingesetzt, sondern fangen in einem Fachbereich an.

Man wird als Ingenieur, Kaufmann, Verkäufer, Buchhalter ausgebildet und beginnt seine Berufslaufbahn mit ausführenden Tätigkeiten und Entscheidungen (Sachbearbeiter). Aufgrund der Erfolge in dieser Tätigkeit wird man befördert, d.h. in Managementstellungen berufen.

Sehr oft passiert es dann, dass das Unternehmen den besten Fachmann verliert und einen schlechten Manager gewinnt, weil zu wenig Wert auf die Ausbildung für die Wahrnehmung von Managementaufgaben gelegt wurde.

Durch die Beförderung allein ist allerdings noch nie ein schlechter zu einem guten Manager geworden. Daher:

- Förderung ist nicht Beförderung!

1. Managementgrundlagen

Teilaspekt:
Managerkrankheit

Wie viel Zeit jeder Manager pro Tag für Managemententscheidungen aufwendet und wie viel für fachliche, ist eine der schwierigsten Entscheidungen für ihn. Idealtypisch sieht die Kurve wie folgt aus:

Visualisierungshilfe:

Balance zwischen Management- und Fachaufgaben

Leistungszeit

Management-
aufgaben

Fach-
aufgaben

Da die Managementaufgaben im Umfang zunehmen, muss notwendigerweise der Umfang der fachlichen Tätigkeit abnehmen. Viele Manager akzeptieren das jedoch nicht und glauben, sie könnten auch den Umfang ihrer bisherigen funktionellen Tätigkeit beibehalten.

Daher kommt in der Regel der Ausdruck „Managerkrankheit" und die Kunde von der chronischen Überarbeitung von Managern. In den meisten Fällen sind sie es selbst schuld, weil sie nicht in der Lage sind, sich auf ihre tatsächlichen Aufgaben zu konzentrieren. In diesem Fall sieht die Kurve so aus:

Visualisierungshilfe:

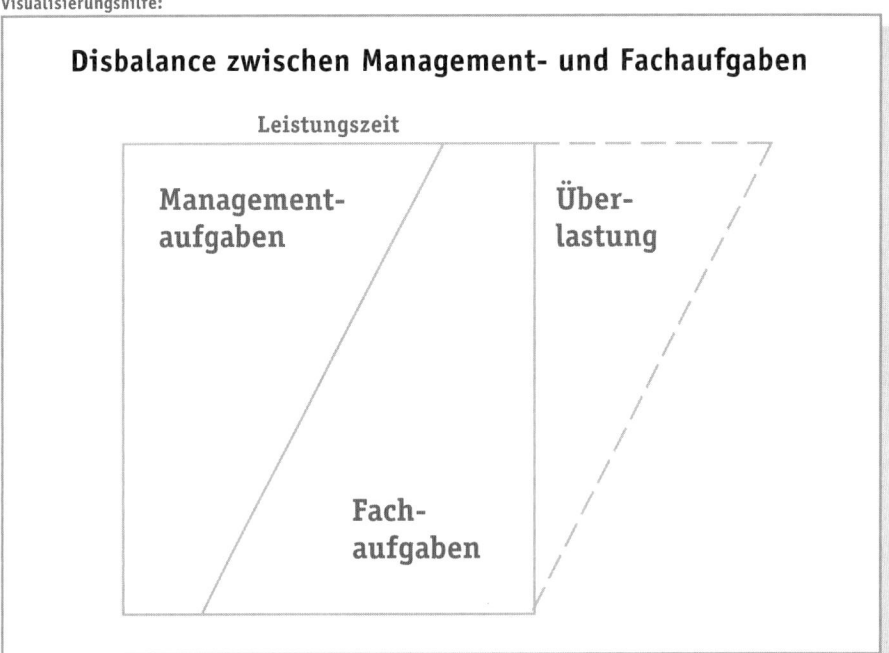

Kommentar:
Anwendbar bei der Behandlung von Burnout-Aspekten. Hierbei hat es sich als besonders hilfreich erwiesen, auf diese Weise zunächst eine der häufigsten Burnout-Ursachen zu visualisieren.

Dies kann anschließend mit individuellen Arbeitsaufgaben oder Übungen vertieft werden, in denen der Teilnehmer für sich prüft, wie hoch sein eigener Anteil an Fachaufgaben geblieben ist – im Vergleich zu vergangenen Jahren, als er noch weniger Managementaufgaben wahrnehmen musste.

Ebenfalls geeignet zum Training von Zeit- und Prioritätenmanagement.

2. Der Managementzyklus

Erreichbare Trainingsziele

- Darstellung des Managementzyklus. Darstellung der Probleme bei der Wahrnehmung der Managementaufgaben.
- Behandlung der Teilaspekte „Zielbildung und Planung".
- Behandlung der Teilaspekte „Entscheiden, Steuern, Kommunizieren".

Trainer-Tools

- Vortrag mit Präsentationsvorlagen (Overhead, PowerPoint)
- Gruppendiskussion
- Übung

2. Der Managementzyklus

2.1. Darstellung des Managementzyklus 35

2.2. Zielbildung, Planung 36

2.3. Entscheiden, Steuern, Kommunizieren 41

2. Der Managementzyklus

2.1. Darstellung des Managementzyklus

Lernziel:
Darstellung des Managementzyklus und der damit verbundenen Hürden bei der Wahrnehmung von Managementaufgaben.

Visualisierungshilfe:

Lassen Sie folgende Fragen diskutieren:

- Wie interpretieren Sie die in der Abbildung gewonnenen Erkenntnisse in Bezug auf Ihre persönliche Managementtätigkeit?
- Welche Phase im Managementzyklus stellt Sie vor Probleme? Was haben Sie zur Beseitigung bereits unternommen?

Diskussion

Zeitbedarf:
10 Minuten

Kommentar:
Geeignet zur Orientierung: Von wo holen Sie Ihre Teilnehmer ab?

2.2. Zielbildung, Planung

Diskussion mit Visualisierungshilfe und Übung

Lernziel:
Darstellung des Teilaspekts „Zielbildung, Planung" aus dem Managementzyklus.

Zeitbedarf: 60 Minuten

Lassen Sie den Unterschied zwischen Zielsetzung und Zielvereinbarung diskutieren.

- Zielsetzung, Zielvorgabe entspricht der Durchsetzung von Macht, ist Vorschrift, Befehl, Druck, Zwang.

- Zielvereinbarung dagegen ist die wechselseitige Abstimmung aller Ziele zwischen Führungskraft und den Mitarbeitern.

Visualisierungshilfe:

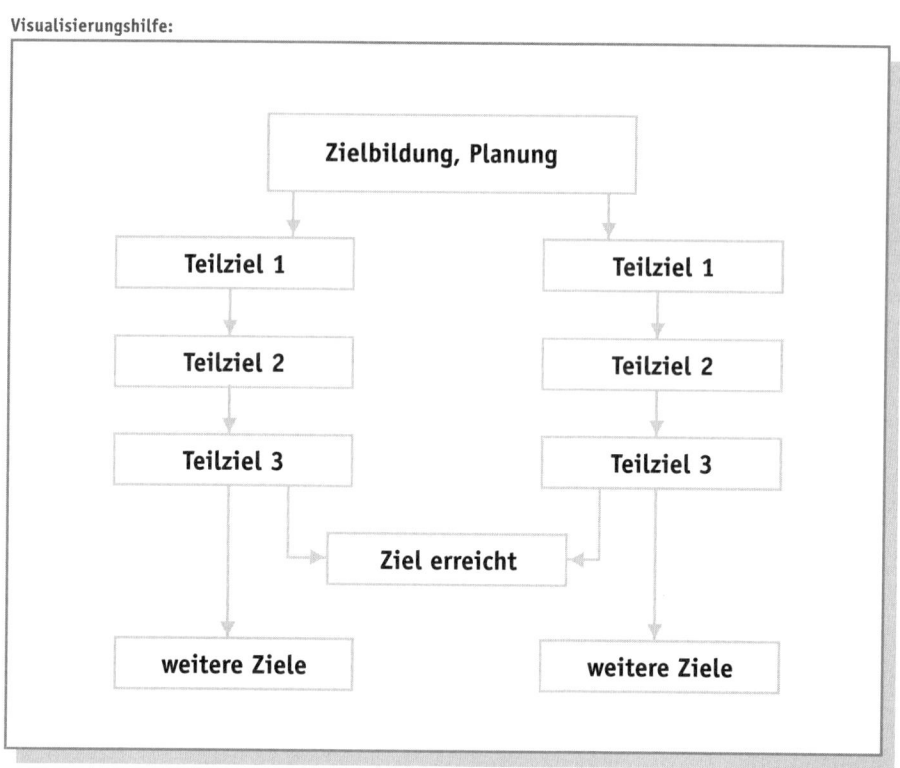

2. Der Managementzyklus

Weisen Sie auf folgenden Punkt hin:

Die Führungsentscheidung, und damit die Führungsverantwortung, kann dem Vorgesetzten bei der Zielvereinbarung nicht genommen werden. Er kann und darf sich auch nicht hinter einer Gruppenentscheidung verstecken.

Konfliktäre Zielbereiche

Erarbeiten Sie mit Ihren Teilnehmern, dass es Abhängigkeiten zwischen Zielen gibt und dass es immer wieder zu Zielkonflikten unterschiedlichster Art kommen kann.

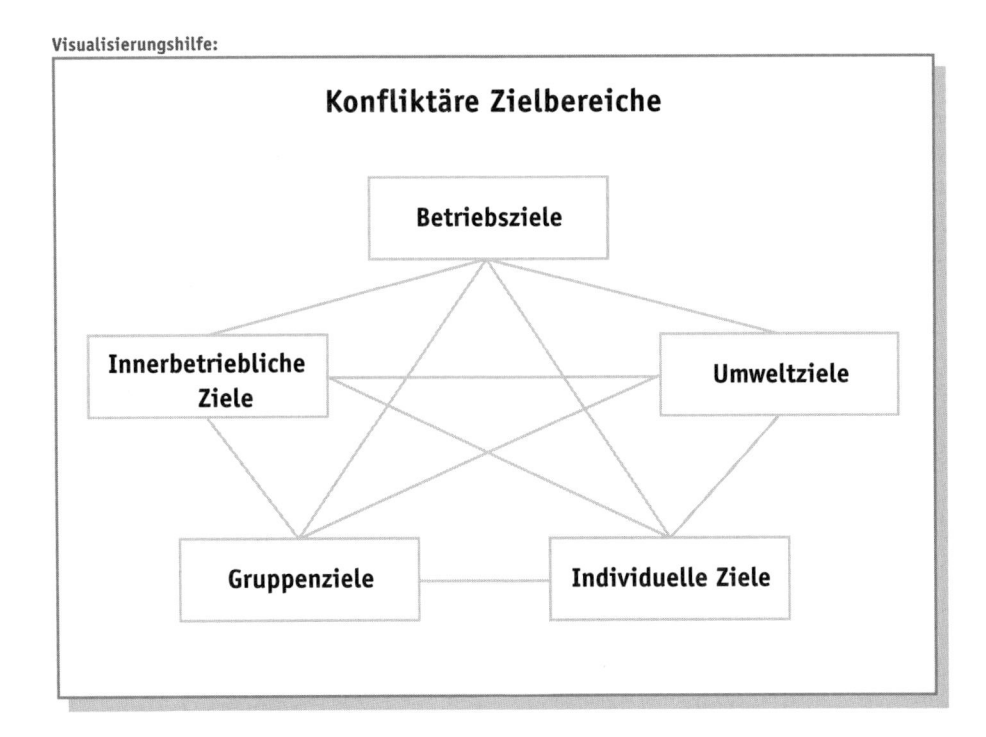

Visualisierungshilfe:

Konfliktäre Zielbereiche

- Betriebsziele
- Innerbetriebliche Ziele
- Umweltziele
- Gruppenziele
- Individuelle Ziele

Diskussion:
Erarbeiten Sie exemplarische Zielkonflikte zwischen Individuum und Gruppe (oder zwischen zwei anderen Bereichen). Arbeiten Sie heraus, welche Mangagementaufgaben erwartet werden.

Zielbildung im Management

Definieren Sie Zielbildung:

- Zielbildung ist der Angelpunkt modernen Managements.
- Ein Ziel stellt eine präzise Willenserklärung dar.
- Es beschreibt eine wichtige Leistung und muss bewertbare Endergebnisse spezifizieren sowie den Zeitpunkt angeben, zu dem sie erfolgreich erreicht werden müssen.

Charakteristika von Zielen

Diskutieren Sie, was Ziele auszeichnet:

- Ziele sollen präzise und konkret formuliert werden.
- Ziele, auch Teilziele, müssen mit dem Gesamtziel vereinbar sein, sie müssen in sich abgestimmt und durchgängig sein.
- Ziele sollen realistisch sein.
- Ziele sollen partizipativ formuliert werden, sie müssen akzeptiert werden.
- Ziele müssen erstrebenswert sein, sie müssen herausfordern.

Zielvereinbarung und Planung als Managementinstrument heißt, in einem formellen Entscheidungsprozess festzulegen:

1. Wo wir stehen. (Gegenwart- und Vergangenheitsanalyse)

2. Wohin wir wollen. (Zielvereinbarung)

3. Wie wir dort hinkommen.
   (Festlegung der Vorgehensweise, Aktionsplan)

Zielvereinbarung und Planung beziehen sich nicht nur auf das Gesamtunternehmen, sondern auf jeden Bereich unter Leitung eines Vorgesetzten.

2. Der Managementzyklus

Übung: Zielbildung

Sie erhalten nachfolgend einige sehr direkte Aussagen zur Zielbildung. Bitte wählen Sie daraus die drei heraus, die Ihnen am meisten zusagen. Bitte begründen Sie anschließend, was Sie bewogen hat, gerade diese Auswahl zu treffen.

1. „Ich ziehe es vor, Dinge richtig zu tun, anstatt die richtigen Dinge zu tun."

2. „Wenn ich ein Ziel aus den Augen verliere, muss ich die Anstrengungen verdoppeln."

3. „Ohne Ziele keine Problemkenntnis, keine Kontrolle, keine Steuerung und damit keine Führung."

4. „Man sollte nicht härter, sondern knapper arbeiten."

5. „Nicht Vorschriftenerfüllung, sondern Erfolgswirksamkeit soll das Leitmotiv meines Handelns sein."

6. „Wenn wir die Ziele wollen, wollen wir auch die Mittel."
(Kant)

7. „Manchmal führen falsche Entlohnungssysteme in Betrieben dazu, dass die Mitarbeiter Bediener von Stechuhren sind anstatt Ergebnisproduzenten."

8. „Ohne ihn war nichts zu machen, keine Stunde hat er frei. Gestern, als sie ihn begruben, war er glücklich auch dabei."
(Wilhelm Busch)

Planen im Management

Planen ist entweder:

- Die Suche nach dem kürzesten Weg, auf dem man mit geringst möglichem Aufwand zum vorher festgelegten Ziel kommt (Minimalprinzip),

oder:

- Die Suche nach den Wegen, auf denen man bei vorgegebenem Aufwand ein optimales Ziel erreicht (Maximalprinzip).

- Das Vermeiden von Umwegen und Sackgassen.

Der Planungsprozess in drei Schritten:

- Festlegung der Wege, Vorgehensweisen und der einzelnen Zwischenschritte vom Problem bis zum Ziel.

- Sammeln, Niederlegen und Auswerten von Informationen zur Beantwortung von Fragen.

- Ablehnung aller unrealistischen Möglichkeiten, also den Möglichkeiten, die den zwangsläufig verfolgbaren Zielen nicht genügen.

Kommentar:
Zielvereinbarungen sind wesentliche Bestandteile des Teamcoaching-Prozesses. Weisen die Teilnehmer Defizite in diesen Grundlagen auf, sollte das Wesen von Zielen und die Bedeutung für den gesamten Managementprozess dringend vorab behandelt werden.

2. Der Managementzyklus

2.3. Entscheiden, Steuern, Kommunizieren

Lernziel:
Darstellung der weiteren Teilaspekte des Managementzyklus.

*Vortrag mit
Visualisierungshilfe*

Entscheiden heißt, aus den verschiedenen Lösungsmöglichkeiten die beste auszuwählen. Bezogen auf das Personal heißt das, den richtigen Mitarbeiter zur richtigen Zeit an den richtigen Platz zu stellen.

*Zeitbedarf:
15 Minuten*

Visualisierungshilfe:

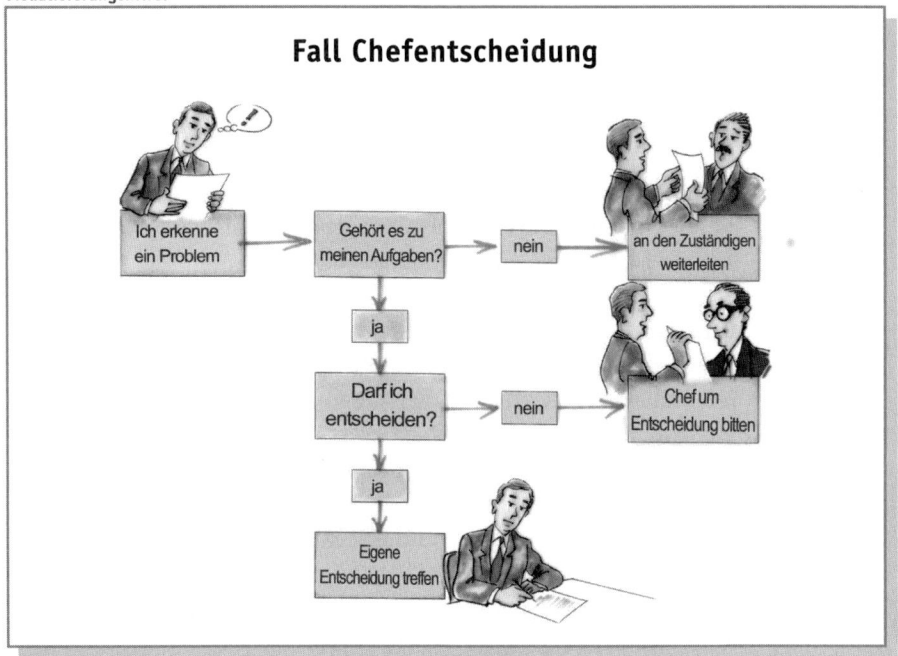

Fall Chefentscheidung

- Ich erkenne ein Problem
- Gehört es zu meinen Aufgaben? → nein → an den Zuständigen weiterleiten
- ja
- Darf ich entscheiden? → nein → Chef um Entscheidung bitten
- ja
- Eigene Entscheidung treffen

Organisation in diesem Zusammenhang heißt, alle nötigen Maßnahmen einzuleiten, damit der Mitarbeiter die geforderte qualitative Leistung zum gewünschten Termin erbringen kann.

Delegieren als eine der wesentlichen Führungstechniken heißt wörtlich „übertragen".

Was wird übertragen?
- Jede Aufgabe, die Mitarbeiter wahrnehmen können.
- Die zur Aufgabenerfüllung erforderlichen Kompetenzen.
- Die der Aufgabe und den Befugnissen entsprechende Verantwortung.

Wenn Aufgaben delegiert werden, muss sicher gestellt sein, dass die Person, die neue Aufgaben übernimmt, diese auch beherrscht und umsetzen kann. Ist dies nicht der Fall, sollte dem Mitarbeiter Unterstützung in Form von Coaching angeboten werden.

Kontrollieren/Steuern ist die Überprüfung der Zielerreichung durch einen Soll-Ist-Vergleich.

Daraus abgeleitet, müssen denkbare Zielabweichungen analysiert werden, um als neue Erkenntnis in den Folgeprozess eingebracht werden zu können.

Informieren/Kommunizieren als zentrale Führungsaufgabe heißt, sich selbst als Führungskraft alle Informationen zu beschaffen und an die Mitarbeiter individuell zu vermitteln, damit diese die vereinbarten Ziele erreichen können. Darüber hinaus motiviert der Vorgesetzte den Mitarbeiter durch direkt ausgesprochenes Lob bei guten Leistungen und bespricht mit ihm die Analyse der Zielabweichungen, um daraus für die Zukunft zu lernen.

Kommentar:
Die oben behandelten Aspekte sind lediglich kleine Splitter eines großen Themenkomplexes und dienen zunächst nur der Zuordnung. Jeder Teilbereich ist gut für einen eigenständigen Trainingsabschnitt. Viele Einzelaspekte werden im Sinne eines Mitarbeiter-Coaching an anderer Stelle noch einmal im Detail behandelt.

3. Führen als System

Erreichbare Trainingsziele

- Klärung: Was bedeutet Führung?
- Zuordnung von Führung als Teil des Managementprozesses.
- Führungsfunktionen und Führungsinstrumente erkennen.
- Prozesszusammenhänge des Führens erkennen.
- Selbsteinschätzung der Führungskraft fördern.

Trainer-Tools

- Arbeitsaufgabe
- Vortrag mit Präsentationsvorlagen (Overhead, PowerPoint)
- Gruppendiskussion
- Vorlage für Memokarte
- Übung

3. Führen als System

3.1. Was bedeutet Führen? 45

3.2. Führen als System 47

3.3. Einflussfaktoren auf den Führungsprozess 52

3.4. Führungsthesen und Analysewerkzeuge 54

3. Führen als System

3.1. Was bedeutet Führen?

Lernziel:
Teilnehmeraktivierung: Was bedeutet Führung?

Arbeitsaufgabe

Zeitbedarf:
10 Minuten Einzelarbeit,
10 Minuten Plenum

Übung: Was heißt Führen?

Bevor wir uns mit dem Thema „Führung als System" beschäftigen, müssen wir uns mit der Frage auseinander setzen:

Was heißt Führen?

Sie werden überrascht sein, welch vielfältige Denkanstöße sich aus der Beantwortung der Frage ergeben.

Bitte stellen Sie bis zu drei Antworten zur Diskussion.

1. _____

2. _____

3. _____

Die Teilnehmer beantworten die Frage in Einzelarbeit. Die Ergebnisse werden im Plenum zusammengetragen und in übergeordnete Statements gebündelt. Sie können die Ergebnisse, falls erforderlich, per Punktbewertung gewichten. Es schließt sich eine weitere Übung an:

Übung: Führungsfragen

Arbeitsaufgabe

*Zeitbedarf:
45 Minuten
Einzelarbeit,
15 Minuten Plenum*

Sie haben für Ihre Gruppe eine Reihe von Aussagen zur Führung bekommen. Bitte nehmen Sie zu diesen Aussagen wie folgt Stellung:

1. Welcher dieser Aussagen können Sie besonders leicht zustimmen, und wenn ja, warum?

2. Welche dieser Aussagen lehnen Sie stark, vielleicht sogar emotional begründet, ab? Und warum?

3. Wenn Sie die Aussagen als Gedankenanregungen begreifen, welche Elemente scheinen Ihnen für die Wahrnehmung der Führungsaufgabe insgesamt besonders wichtig? Beantworten Sie die Frage bitte unter besonderer Berücksichtigung Ihrer betrieblichen Gegebenheiten.

Sie haben für diese Aufgabe 45 Minuten Zeit.

Kommentar:
Die erste der beiden Übungen kann bereits vor Trainingsbeginn per e-Mail an die Teilnehmer versendet werden, mit dem Auftrag, den Aspekt schriftlich zu beantworten.

Die zweite Übung basiert auf den Ergebnissen der ersten Übung. Die anschließende Reflexion ist wichtig, um offene Fragen beantworten zu können. Außerdem erkennt der Trainer die bevorzugte Führungskultur der Gruppe.

In jedem Fall sollten Abhängigkeiten zwischen „führen und geführt werden" herausgearbeitet werden: Führungsverhalten und Mitarbeiterverhalten sind voneinander abhängige Variablen. Den höchsten Erfolg verspricht dabei ein gemeinsames Gestalten.

3.2. Führen als System

Lernziel:
Zuordnung von Führung als Teil des Managementprozesses.

Zu dem Begriff „Führung" finden sich im Bereich der Managementpublikationen die mit Abstand meisten Titel. Führung mit all ihren Facetten ist zwar nur ein Bestandteil des gesamten Managementprozesses, aber der Wesentliche.

Vortrag mit
Visualisierungshilfe

Zeitbedarf:
je nach Intensität
30-90 Minuten

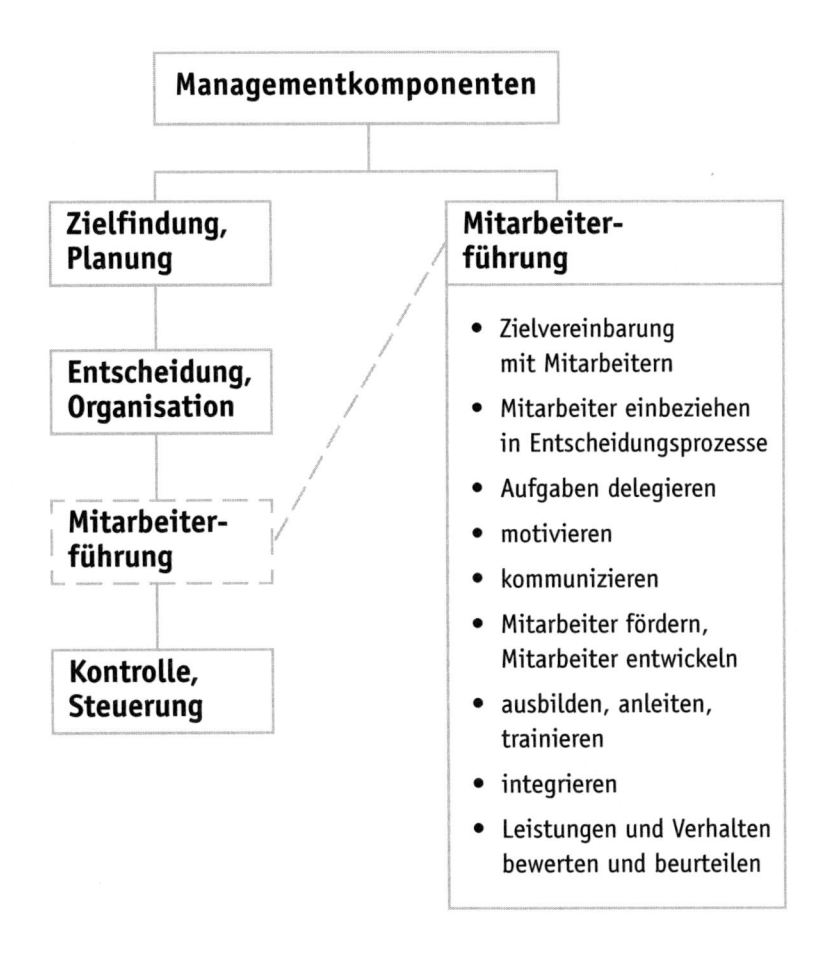

Managementkomponenten

- Zielfindung, Planung
- Entscheidung, Organisation
- Mitarbeiterführung
- Kontrolle, Steuerung

Mitarbeiterführung
- Zielvereinbarung mit Mitarbeitern
- Mitarbeiter einbeziehen in Entscheidungsprozesse
- Aufgaben delegieren
- motivieren
- kommunizieren
- Mitarbeiter fördern, Mitarbeiter entwickeln
- ausbilden, anleiten, trainieren
- integrieren
- Leistungen und Verhalten bewerten und beurteilen

Führung lässt sich als Diagramm darstellen:

Visualisierungshilfe:

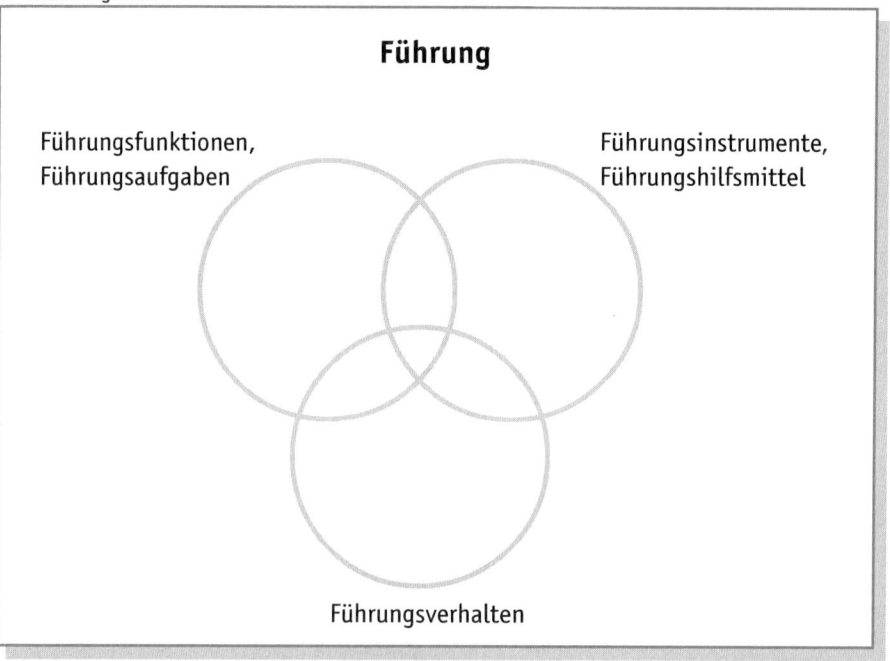

Führung

Führungsfunktionen, Führungsaufgaben

Führungsinstrumente, Führungshilfsmittel

Führungsverhalten

Diskussion und Antworten sammeln

Zeitbedarf: 15-20 Minuten

Erster Kreis: „Führungsfunktionen" oder „Führungsaufgaben"

Erarbeiten Sie mit Ihren Teilnehmern, was diese als ihre Führungsaufgaben bezeichnen, unter Berücksichtigung der jeweiligen betrieblichen Gegebenheiten. Folgende Übung unterstützt Sie dabei. Sie werden feststellen, dass die Auflistung der Führungsaufgaben allgemein gültig ist.

Übung: Führungsaufgaben

In unserem „Managementtraining" wollen wir uns mit der Art und Weise beschäftigen, wie **Sie** zielgerichtet Ihre Mitarbeiter führen, motivieren und mit ihnen kommunizieren.

Dazu ist es nötig, dass wir uns mit der Frage beschäftigen: Welche Führungsaufgaben haben Sie?

3. Führen als System

(Die Antworten des Teilnehmers)
- _____
- _____
- _____

(Es folgt die exemplarische Auflistung der Antworten von Führungskräften:)

... Bitte vergleichen Sie nun Ihre Antworten mit der nachfolgenden Auflistung. Die Führungsaufgaben des Managers lassen sich wie folgt umreißen:

- Ziele vereinbaren, d.h., dem Mitarbeiter die Richtung weisen, die Mitarbeiter dazu bewegen, sich voll für die Erreichung der vereinbarten Ziele einzusetzen, um positive Arbeitsergebnisse zu erreichen.

- Planen, Besprechungen vorbereiten und den Teilnehmern die Möglichkeit zur aktiven Mitwirkung und Mitgestaltung bei der Aufgabenerfüllung geben.

- Entwicklungsfähige und -bereite Mitarbeiter auswählen, bestmöglichst einsetzen und durch Coaching persönlich fördern.

- Die Zusammenarbeit der Mitarbeiter intensivieren und die Vielzahl der Einzelleistungen zu einer Gesamtleistung koordinieren.

- Mitarbeiter über alles informieren, was ihre Tätigkeit betrifft bzw. beeinflussen kann.

- Kontrollieren, ob Informationen weitergegeben werden, ob Normen eingehalten werden und ob die Kommunikation wirksam ist.

- Die Zielerreichung kontrollieren.

- Mitarbeiter beurteilen, ihre Leistung und ihr Verhalten mit ihnen besprechen.

Vortrag mit Visualisierungshilfe

Zweiter Kreis: „Führungsinstrumente" oder „Führungshilfsmittel"

Zeitbedarf: je nach Intensität 20-40 Minuten

Hier geht es um:
- Gesprächsführung
- Motivation
- Beurteilung
- Kommunikation

Anmerkung: Die Techniken werden, soweit sie Teamcoaching betreffen, an anderer Stelle im Detail behandelt.

Zwischen den **Führungsaufgaben** und den **Führungsinstrumenten** besteht eine starke Abhängigkeit.

Das folgende Bild verdeutlicht diese Abhängigkeiten:

Visualisierungshilfe:

Abhängigkeiten von Aufgaben und Instrumenten

Vorgesetzter

- Gesprächsführung
- Beurteilung
- Handlungskompetenz
- Motivation
- Kommunikation

Mitarbeiter   Mitarbeiter   Mitarbeiter

3. Führen als System

Dritter Kreis: „Führungsverhalten"

Hier geht es um:
- Einstellungen, Normen, Meinungen
- Persönlichkeitsmerkmale
- Führungsstile

Anmerkung: Das Folgekapitel beschäftigt sich eingehend mit Führungsverhalten.

Kommentar:
Dieser Trainingsbaustein ist universell einsetzbar. Die Aufstellung der Managementkomponenten ist ein idealer Einstieg in völlig andere Bereiche des Managementtrainings (z.B. Unternehmensplanung und -steuerung; Aufbau- und Ablauforganisation; Controlling). Der Baustein dient ebenso als Einstieg in Teilaspekte der Mitarbeiterführung.

Die Aufstellung ist weiterhin geeignet, um zu Beginn eines neuen Seminarabschnitts das allgemeine Trainingsziel vor Augen zu führen, bevor es weitergeht.

Sie können Ihre Teilnehmer in Gruppenarbeit Führungsaufgaben herausarbeiten lassen. Falls möglich, lassen Sie Teilgruppen bilden, z.B. nach Abteilungen aufgeteilt. Die Teilnehmer erkennen, dass Führungsaufgaben stets ähnlich formuliert werden, unabhängig davon, wo man Führungsaufgaben wahrnehmen muss. Dies hilft, Abteilungsdenken aufzubrechen.

Die Visualisierung der Führungsinstrumente kann ebenso Auftakt sein für die Behandlung spezieller Techniken, z.B. für Gesprächstechniken im Präsentationsprozess. (Ein passendes Konzept hierzu findet sich in der gleichen Reihe unter dem Titel „Präsentationstechnik im Verkaufsgespräch". Das Konzept „Verkaufstechnik" behandelt im Einzelnen alle Trainingsaspekte eines Gesprächsablaufs.)

3.3. Einflussfaktoren auf den Führungsprozess

Lernziel:
Visualisierung von Prozesszusammenhängen.

Vortrag mit Visualisierungshilfe

Zeitbedarf:
10-15 Minuten

Die Mitarbeiterführung als Prozess wird von unterschiedlichen Faktoren bestimmt.

Die wichtigsten Einflussfaktoren sind:
- die Führungskraft,
- die einzelnen Mitarbeiter,
- die Mitarbeitergruppe,
- das gemeinsame Ziel, die gemeinsamen Aufgaben,
- die Situation.

In folgendem Bild werden die Prozesszusammenhänge erkennbar:

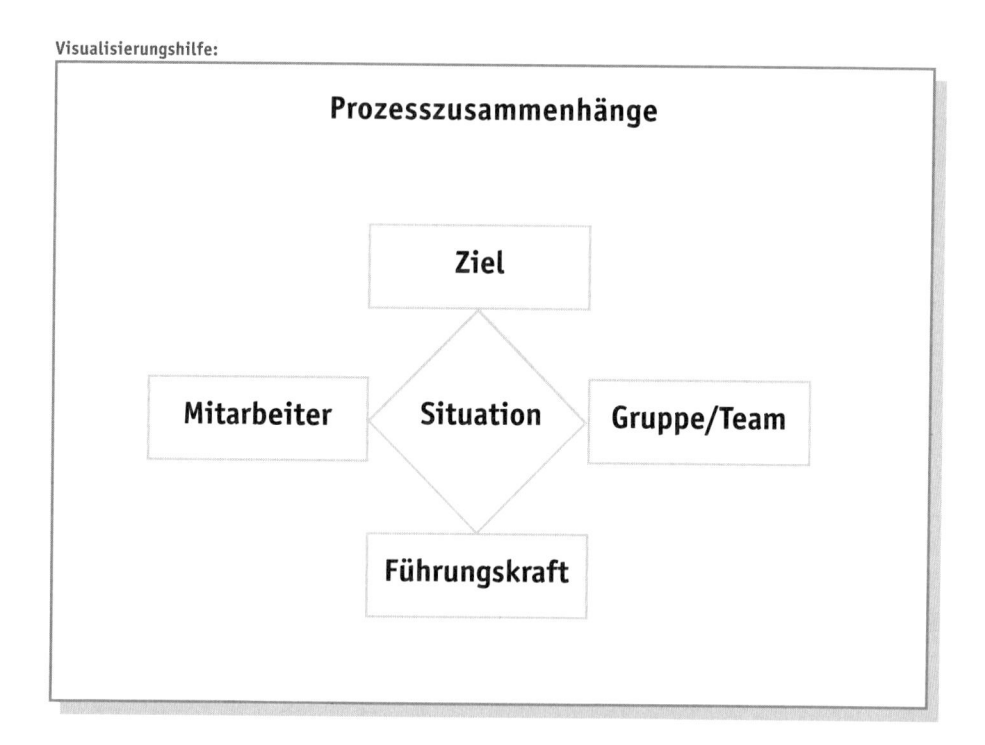

Visualisierungshilfe:

Prozesszusammenhänge

- Ziel
- Mitarbeiter
- Situation
- Gruppe/Team
- Führungskraft

3. Führen als System

Aspekt:
Eine Führungskraft muss die Leistungsbereitschaft und die Leistungsfähigkeit der Mitarbeiter und ihr Zusammengehörigkeitsgefühl in der Gruppe fördern.

Berücksichtigt sie auch die jeweilige Situation, so wird das gemeinsame Ziel eher erreicht.

Aspekt:
Die Hauptaufgaben einer Führungskraft werden gerne zusammengefasst als Kohäsion (Zusammenhalt) und Locomotion (Antrieb).

Aspekt:
Führung ist immer als eine Einheit von Führungsaufgaben, Führungsinstrumenten und Führungsverhalten zu sehen. Wird dieses Prinzip nicht eingehalten, kommt es leicht zu einer Überbetonung von Details und/oder zum Setzen von falschen Akzenten.

Aspekt:
Führung fängt schon bei zwei Menschen an, das heißt, bei einem Mitarbeiter und einem Vorgesetzten. Bereits hier sind verschiedene Vorstellungen, verschiedene Auffassungen, verschiedene Meinungen anzutreffen.

Kein Bereich ist klein genug, kein Mitarbeiter und kein Vorgesetzter ist lange genug im Unternehmen, um nicht Missverständnisse und unterschiedliche Auffassungen aufkommen zu lassen.

Kommentar:
Besonders geeignet zur Visualisisierung, warum Mitarbeiter-Coaching als ein geeignetes Instrument im Führungsprozess genutzt werden sollte.

3.4. Führungsthesen und Analysewerkzeuge

Lernziel:
Arbeitsaufgaben bzw. Diskussionsvorlagen bzw. Vorlagen zur Erstellung von Memokarten oder Thesenplakaten

Selbsteinschätzung der Führungskraft fördern.

Finden sich Ihre Teilnehmer in diesen Aussagen wieder? Folgende Aussagen eignen sich als Arbeitsaufgaben, Diskussions- und Reflexionsvorlagen.

1. Hoch motivierte und leistungsorientierte Vorgesetzte tun sich schwer, Unzulänglichkeiten bei ihren Mitarbeitern zu akzeptieren. Sie legen ihre hohen Selbstansprüche auch an ihre Mitarbeiter an.

2. Es ist schwer, sich von Tätigkeiten zu trennen, in denen man sich selbst kompetent fühlt und die (früher) den eigenen Aufstiegserfolg begründeten.

3. Es ist schwer, sich von Tätigkeiten zu trennen, in denen man sich selbst Erfolgserlebnisse holen kann.

4. Je ausgeprägter die eigenen Machtbedürfnisse sind, desto mehr Energie wird darauf verwendet, die Unmöglichkeit von mehr Delegation nachzuweisen. (Delegieren heißt auch, ein Stück Macht aus der Hand zu geben.)

5. Der innere Feind des Vorgesetzten sind seine Ängste, von Mitarbeitern abhängig und für das Unternehmen austauschbar zu werden.

6. Delegieren beruht auf der Fähigkeit, sich nach oben abgrenzen zu können.

7. Der Wunsch, sich mehr zu entlasten, reicht meist nicht aus, stärker zu delegieren. Denn er widerspricht der eigenen hohen Leistungsmoral (und macht Schuldgefühle). Es muss der Wunsch dazu kommen, sich anderen und bisher vernachlässigten Aufgaben stärker zuzuwenden.

3. Führen als System

Analysefragen:

1. Wie sehe ich mich selbst als Führungskraft?

2. Was sind meine persönlichen Führungsstärken und -schwächen?

3. Was tue ich, um meine Stärken zu fördern und die Schwächen auszugleichen?

4. Wie sehen mich meine Mitarbeiter als Führungskraft?

5. Wie arbeiten meine Mitarbeiter als Gruppe mit mir zusammen? Welche Spannungen, Probleme, Konflikte sind bekannt?

6. Bin ich selbst und sind auch meine Mitarbeiter in der Lage, die drei wichtigsten Ziele, sowohl kurz-, mittel- als auch langfristig niederzuschreiben?

7. Bitte betrachten Sie einmal kritisch das Umfeld Ihrer Arbeit und der Arbeit Ihrer Mitarbeiter. Was erschwert Ihnen Ihre Führungsarbeit?

8. Welche individuellen Ansprüche haben Ihre Mitarbeiter? Haben sich die Ansprüche im Laufe Ihrer Tätigkeit gravierend gewandelt?

Die Hauptfaktoren, die erfolgreiche Menschen auszeichnen:

1. Sie wissen genau, was Sie wollen!

2. Sie setzen Ihre Energie konzentriert und wirkungsvoll ein!

3. Sie besitzen ein gutes Selbstvertrauen!

4. Sie treffen klare Entscheidungen!

5. Sie haben klare Verhältnisse in allen Ihren Beziehungen!

6. Sie wissen sich und ihre Ziele gut zu verkaufen!

7. Sie können sich und andere motivieren!

8. Sie kennen ihren Lebensstil!

Kommentar:
Drei Instrumente, die der Selbsteinschätzung Ihrer Teilnehmer dienen, aber auch als Vorlage für Diskussionen verwendbar sind.

4. Führungsverhalten

Erreichbare Trainingsziele

- Einfluss von persönlichen und von äußeren Einflussfaktoren auf unser Verhalten kennen lernen.

- Behandlung des Themas Selbstwertgefühl.

- Erkennen des Prozesses der Verhaltensänderung.

- Erkennen der gegenseitigen Beeinflussung von Führungs- und Mitarbeiterverhalten.

- Gespür für die Bedürfniswelt der Mitarbeiter erlangen.

- Auffrischung der Kenntnisse über typische Führungsstile.

Trainer-Tools

- Vortrag mit Präsentationsvorlagen (Overhead, PowerPoint)
- Gruppendiskussion
- Übung

4. Führungsverhalten

4.1. Psychologische Grundzusammenhänge 59

4.2. Selbstwertgefühl und Verhaltensänderung 63

4.3. Fünf Stufen bis zur Verhaltensänderung 67

4.4. Fünf Führungsprinzipien 70

4.5. Führungsstile 73

4. Führungsverhalten

4.1. Psychologische Grundzusammenhänge

Lernziel:
(Führungs-)Verhalten wird von Persönlichkeitsmerkmalen beeinflusst. Gleichzeitig bestimmen äußere Einflussfaktoren unser Verhalten.

Vortrag mit Diskussion

Zeitbedarf: 20 Minuten

Visualisierungshilfe:

Unternehmensführung – Mitarbeiterführung

ERFOLG

Zuordnung (z.B. als Wiederholung aus „Führung als System"):
Mitarbeiterführung ist das Schwungrad für Unternehmensprozesse. Führung besteht aus drei bestimmenden Komponenten:

- den wahrzunehmenden **Führungsaufgaben** wie Delegieren, Fördern und Fordern etc. (siehe Präsentationsvorlage),
- der zielgerichteten Handhabung der **Führungsinstrumente** wie Beurteilungsverfahren, Motivationstechnik oder Gesprächsführungstechnik und
- dem **Führungsverhalten**, das die Führungskraft ihren Mitarbeitern entgegenbringt.

Aspekt: Persönlichkeitsmerkmale
Persönlichkeitsmerkmale des Menschen sind nicht angeboren, sondern werden im Laufe des Lebens erworben, durch die Erziehung einprogrammiert und erlernt.

Menschliches Verhalten wird bevorzugt durch folgende Faktoren gesteuert:

- Einstellungen,
- übernommene Meinungen,
- Rollennormen.

Hinzu kommen im Laufe des Lebens gemachte Erfahrungen und gewonnene Lebenswerte. Sie bilden die Persönlichkeitseigenschaften und beeinflussen das Denken und Verhalten des Menschen.

Die Vererbung spielt eine viel unwichtigere Rolle bei der Entstehung der Persönlichkeit als allgemein angenommen.

Niemand ist zwar für seine Persönlichkeitseigenschaften selbst voll verantwortlich, weil Bezugspersonen (Eltern, Lehrer, Freunde, Vorgesetzte usw.) die Eigenschaften prägen, aber jeder Mensch hat die Chance, durch Aneignung einer höheren Bewusstseinsstufe seine Eigenschaften zu verändern.

Jeder kann jeden Tag etwas selbstsicherer, optimistischer, selbstloser, vorsichtiger, unabhängiger, toleranter, strebsamer usw. werden.

Voraussetzung dafür ist, dass man einsieht, welche Möglichkeiten sich einem dadurch eröffnen. Eine Persönlichkeit bildet sich täglich. Sie kann sich entfalten oder auf der Stelle treten. Zur Entfaltung der eigenen Möglichkeiten gibt es eine Reihe unterschiedlicher Ansätze.

Im allgemeinen Sprachgebrauch wird mit der Bezeichnung „Persönlichkeit" gemeint, dass diese Person ein auffallend gutes, beeindruckendes Auftreten besitzt und eine überdurchschnittlich starke Ausstrahlung hat.

4. Führungsverhalten

Die Persönlichkeit macht das Zusammenspiel der Eigenschaften aus. Die Persönlichkeitsstruktur setzt sich aus den unterschiedlich ausgeprägten Eigenschaften zusammen.

Persönlichkeitseigenschaften sind kein unabänderliches Schicksal, sondern sie sind durch Einstellungswandlungen veränderbar. Niemand sollte sagen „Ich bin so, wie ich bin" und bei dieser Selbsterkenntnis stehen bleiben, denn jeder Mensch kann seine Persönlichkeitsstruktur weiter entfalten.

Aspekt: Persönliche Einflussfaktoren
Schon seit Jahrhunderten bemühen sich Wissenschaftler, menschliches Verhalten in seinen unterschiedlichsten Ausprägungen zu erklären.

Vielfältige Denkmodelle sollen dabei helfen, das „System Mensch" für seinen Anwender, z.B. den Vorgesetzten, den Politiker, den Verkäufer usw., begreifbar und anwendbar zu machen. Die Denkmodelle reichen dabei von der Aussage, dass alle Menschen Einzelwesen sind, bis hin zu einer unterschiedlichen Typisierung unseres Verhaltens.

Einen der frühesten Versuche, menschliches Verhalten zu erklären, stellt die so genannte Schichtentheorie dar. Dabei wird davon ausgegangen, dass der Mensch aus drei Schichten agiert und reagiert und dass die drei Schichten gleichberechtigt nebeneinander stehen und auf das Verhalten einwirken:

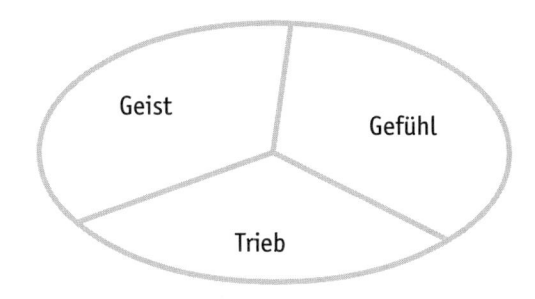

Es drängt sich jedoch die Frage auf, ob diese anteilig gleichberechtigten Schichten im Verhalten unserer Mitmenschen auch in analoger Gewichtung ausgeprägt sind, oder ob es eine Schicht gibt, aus der heraus ein Mensch am häufigsten reagiert, aus der er lebt und handelt.

Übung: Reflexion Konfliktgespräch

Führen Sie sich einen Mitarbeiter vor Augen, mit dem Sie in jüngster Vergangenheit ein Konfliktgespräch durchführen mussten (als Teilnehmerdiskussion oder Arbeitsaufgabe durchführbar). Wie hat der Mitarbeiter agiert/reagiert:

- eher geistbetont,
- gefühlsbetont,
- oder triebbetont?

Bitte entscheiden Sie sich!

Können Sie Beispiele an dem Verhalten des Mitarbeiters aufzählen, die auf die besondere Betonung einer Schicht hinweisen?

Aspekt: Äußere Einflussfaktoren
Der Mensch ist natürlich mit seiner Umwelt vernetzt und handelt daher nicht als geschlossenes System. Sein Verhalten wird außerordentlich durch das Leben miteinander beeinflusst. Einflussfaktoren auf die Führungskraft können beispielsweise sein:

- die herrschende Unternehmenskultur,
- die Zusammenstellung der Mitarbeiter,
- die Produkte,
- die Kunden,
- Freunde und Familie.

Kommentar:
Interessante Hinführung zum sich anschließenden Teilaspekt des Selbstwertgefühls *(siehe Seite 63 ff)*.

4. Führungsverhalten

4.2. Selbstwertgefühl und Verhaltensänderung

Lernziel:
Zuordnung des Selbstwertgefühls als zentraler Verhaltensauslöser und Erkennen des Prozesses der Verhaltensänderung.

Vortrag mit Diskussion

Jede Persönlichkeitseigenschaft ist mit anderen Eigenschaften verbunden. Eine zentrale Stellung für die Entfaltung der Persönlichkeit nimmt das Selbstwertgefühl ein.

Zeitbedarf: 30-45 Minuten

Selbstsicherheit und **Optimismus** sind sehr zentrale Persönlichkeitsmerkmale, um die sich die anderen Merkmale wie

- Menschenkenntnis,
- Einfühlungsvermögen,
- Toleranz,
- Selbstlosigkeit,
- Ehrgeiz,
- Belastbarkeit
- usw.

in ihrer unterschiedlichen Wichtigkeit platzieren. Verschiedene der aufgeführten Merkmale lassen sich leicht trainieren, weil sie in weniger tiefen Schichten der Persönlichkeit verankert sind. Die Selbstsicherheit und der Optimismus dagegen können nur schwer verändert werden, weil sie rationalen Überlegungen weniger gut zugänglich sind.

Menschenkenntnis kann erlernt werden, Optimismus dagegen ist eine seelische Grundhaltung, die tief mit vergangenen Erfahrungen und Erlebnissen verbunden ist. Um den Optimismus nachhaltig zu steigern, muss sich die gesamte Persönlichkeit engagieren. Vergangene Erlebnisse (z.B. Misserfolge) müssen bewältigt und ein neues Bewusstsein von sich selbst und dem Leben aufgebaut werden.

Eines der wichtigsten Gefühle für jeden Menschen ist das **Selbstwertgefühl**. „Was bin ich wert, für mich selbst und für andere?" Diese Frage beschäftigt uns ständig, bewusst oder unbewusst. Im Umgang mit anderen geht es dabei um die Einordnung von Größenverhältnissen: „Größer oder kleiner – mir über- oder unterlegen?" Im Umgang mit uns selbst messen wir uns an den eigenen Normen, Regeln und Wertvorstellungen.

Jede Abweichung von unseren Vorstellungen oder Wünschen ist eine Verletzung unseres eigenen Selbstwertgefühls. Dagegen wehren wir uns mit den verschiedensten Formen der Verteidigung: Rückzug und Gegenangriff bei momentaner Verletzung des Selbstwertgefühls und einer, meist unbewussten, Dauerverteidigung. Jede Art von Abwehrgefühlen, jeder Ärger, deutet darauf hin, dass das Selbstwertgefühl angegriffen wurde.

Dieses Phänomen ist ständiger Begleiter im Umgang und in der Kommunikation miteinander. Wir wissen nicht genau, wie das Selbstwertgefühl des anderen aussieht und verletzen es daher schnell, i.d.R. ohne es zu wollen.

Die hervorgerufene Abwehrreaktion wird wiederum als Angriff auf unser eigenes Selbstwertgefühl gewertet, und somit beginnt ein negativer Kreislauf.

Die wohl meisten vergeblichen Versuche, andere von etwas zu überzeugen, scheitern daran, dass wir in der Kommunikation unseren eigenen Wertvorstellungen entsprechen, dabei aber mit den Wertvorstellungen des anderen automatisch in Konflikt geraten und somit sein Selbstwertgefühl angreifen.

Diskussion:
Der Trainer stellt nebenstehende Grafik vor, erläutert die Inhalte und fordert die Teilnehmer zur Diskussion auf. Hierbei können Analogien zu realen Beispielen aus der eigenen betrieblichen Praxis gefunden werden.

Das Selbstwertgefühl als zentraler Verhaltensauslöser

Das Gewissen

Regeln, Normen, Kriterien

Das Selbstbild

Real: Wie bin ich?
Ideal: Wie sollte ich sein?

Wir streben ständig danach, die in uns liegenden Bilder und Vorstellungen mit der Umwelt in eine angenehme Balance zu bringen. Zu diesem Zweck benutzen wir:

Das Selbstwertgefühl
=
Die Summe der Gefühle, die wir zu uns selbst haben

Eine oder mehrere von drei möglichen Verhaltensstrategien:

1. Bewahrendes, schützendes Verhalten
2. Verteidigendes, angreifendes Verhalten
3. Vergrößerndes Verhalten

Das Bedürfnis nach Wertschätzung

Motiv: Sicherheit

Das Bedürfnis nach Anerkennung

Trieb nach Wachstum

Aspekt: Die Verteidigung des Selbstwertgefühls

Die Verteidigung des Selbstwertgefühls läuft stets nach folgenden ähnlichen Mustern ab:

- Gegenangriff (Flucht nach vorn)
  - *„Was Sie sagen, stimmt nicht!"*
  - *„Sie haben ja selbst auch schon Fehler gemacht."*
  - *„Gegen Ihre Behauptung verwahre ich mich ganz energisch."*

- Entschuldigung (Versuch, dem Angriff auszuweichen)
  - *„Das liegt daran, dass …"* (Zug hatte Verspätung, Überarbeitung, die anderen haben Schuld, vorgeschobene Krankheit)

- Unterwerfung (Angst vor neuem, verstärktem Angriff)
  - *„Ja, da haben Sie natürlich völlig Recht."* (denkt genau das Gegenteil)
  - *„Der Fehler wird mir bestimmt nicht mehr unterlaufen."*
  - *„Komm, lass uns wieder Freunde sein."*

- Scheinbare Zustimmung (Versuch, Zeit für einen Gegenangriff zu gewinnen)
  - *„Ihre Gedanken finde ich sehr interessant."* (Übersetzt: *„Warte nur, Dir werde ich es schon zeigen.")*
  - *„Hm, ja, so habe ich das noch gar nicht gesehen."* (Übersetzt: *„Was für ein Blödsinn.")*

Kommentar:
Die Beschäftigung mit dem Selbstwertgefühl und den damit verbundenen Verhaltensauslösern ist notwendig, wenn man sich mit Führungsverhalten und Verhaltensänderung auseinander setzen will.

4. Führungsverhalten

4.3. Fünf Stufen bis zur Verhaltensänderung

Lernziel:
Die Teilnehmer sollen den Prozess erkennen, der durchlaufen wird, bevor sich Verhalten ändert.

Vortrag mit Visualisierungshilfe

Zeitbedarf: 20-30 Minuten

Etwas Neues wird von den meisten Menschen zunächst abgelehnt. Ausnahme: Man erwartet und erkennt sofort einen ganz persönlichen Nutzen in diesem „Neuen". Situationen, Meinungen, Vorschläge, die nicht den eigenen Erfahrungen entsprechen, werden deswegen so gut wie immer beim anderen zunächst eine Abwehrreaktion hervorrufen.

Bis zur Meinungs- oder Verhaltensänderung werden im Normalfall fünf Stufen durchlaufen:

Stufe 1: Abwehr

Die Sache und/oder die damit verbundene Person werden abgelehnt, angegriffen, verkleinert.
- Das geht nicht.
- Das haben wir früher schon mal versucht.
- Das haben wir noch nie gemacht.
- Das haben wir immer anders gemacht.
- Das kann kein Mensch.
- Das ist graue Theorie.
- In der Praxis ist alles ganz anders.
- Da habe ich schließlich eigene Erfahrung.
- Das Problem ist doch unbedeutend.

Wenn direkte Abwehr nicht nötig oder gegen einen „Stärkeren" zu gefährlich erscheint, erfolgt eine „Scheinzustimmung". Eine Änderung oder Akzeptanz des Neuen wird jedoch innerlich nicht erwogen.

Motto: Zeit bringt Rat. Das Problem wird sich schon von selbst lösen.
- Ja, das mache ich bestimmt.
- Ja, da haben Sie Recht.
- Bei eigenen Problemen: Ich muss mich unbedingt demnächst darum kümmern.

Stufe 2: Entschuldigung

Wenn äußere Umstände oder Druck durch andere eine Abwehr zwecklos erscheinen lassen, wird die geforderte Änderung zwar anerkannt, aber es werden Gründe dafür gesucht, dass „es nicht geht".
- Zu wenig Zeit.
- Zuviel andere Dinge zu tun.
- Im Augenblick wichtigere Dinge zu tun.
- Nicht ausreichende Mittel.
- Andere Personen: faule Kollegen.
- Kinder, die zur Schule gehen.
- Die Ehefrau, die nicht umziehen will.
- Der Ehemann, der andere Meinungen hat.

Eine verschärfte und gefährliche Form der Entschuldigung ist unter Umständen „krank sein". Mediziner vermuten, dass bis zur Hälfte der üblichen Krankheiten und Beschwerden heute psychosomatische Hintergründe haben. Viele dieser Krankheiten dürften eine Form der „Entschuldigung" sein.

Stufe 3: Selbstbeschuldigung

Wenn erkannt wird, dass Entschuldigungen ein dringendes Problem letztlich nicht lösen, beginnt die Suche nach Lösungen, oder das Akzeptieren des geforderten neuen Verhaltens. Nicht selten jedoch wird vorher versucht, durch Erklärung oder Schuldübernahme die notwendige Änderung doch noch zu vermeiden.
- Ich weiß, ich müsste das machen, aber ich habe einfach nicht den Mut (die Energie, die Kraft, das Wissen).
- Ja, ich weiß, ich bin unmöglich.
- Ja, es ist schlimm, immer mache in den gleichen Fehler.

Stufe 4: Anerkennen des Problems und Lösungssuche

Erst nach Überwindung der mehr oder weniger heftig ausgetragenen Stufen eins bis drei wird im vollen Ernst eine Änderung oder die Lösung eines Problems versucht.

Man sucht Mittel, Wege und Möglichkeiten, den Anforderungen der Situation gerecht zu werden. Das ursprünglich vom anderen vorgetragene „Neue" wird jetzt angenommen.

Bei „eigener Suche" nach neuen Wegen besteht die Gefahr, dass die erste logisch erscheinende Lösung als die einzig Richtige angenommen wird.

Um der unsicheren und somit beängstigenden Situation im Vorfeld einer Entscheidung zu entgehen, kann unter Umständen die eigene Kritikfähigkeit stark herabgesetzt werden. Dies erklärt zum Beispiel auch die plötzliche Übernahme bestimmter Glaubensrichtungen, Heilslehren, politischer Meinungen, ja sogar einfacher Moderichtungen.

Stufe 5: Das Neue wird in die Tat umgesetzt

Erst in dieser Stufe beginnt neues, überzeugtes Handeln. Abhängig von den äußeren Umständen und von der zur Verfügung stehenden persönlichen Energie, liegen die Einstellungen dabei zwischen zwei Polen:

A: Kämpferisch, optimistisch, ohne Gedanken an einen möglichen Misserfolg. Tenor: *„Das ist richtig, das mache ich – und wenn es das Letzte ist, was ich tue."*

B: Vorsichtig, unsicher, „den Weg nach hinten" offen haltend. Tenor: *„Richtig ist das schon. Ich versuche es halt mal. Zur Not mache ich es wie vorher."*

Kommentar:
Das hierbei zugrunde liegende Prinzip muss unbedingt mit Beispielen belegt und trainiert werden. Sobald die Führungskraft das Wesen des Prinzips erkennt und verinnerlicht hat, verfügt sie über eine sinnvolle Orientierungshilfe, welche Phase seines Veränderungsprozesses der Mitarbeiter gerade durchläuft. Dies erleichtert das Coaching.

4.4. Fünf Führungsprinzipien

Lernziel:

Vortrag mit Diskussion

Die Teilnehmer sollen erkennen, dass sich Führungs- und Mitarbeiterverhalten gegenseitig bedingen. Sie sollen ein Gespür für die Bedürfniswelt des Mitarbeiters erlangen.

Zeitbedarf: 45 Minuten

In Bezug auf die Mitarbeiterführung bedingen sich Führungs- und Mitarbeiterverhalten gegenseitig.

Visualisierungshilfe:

Führungsverhalten und Mitarbeiterverhalten sind voneinander abhängige Variablen

- Ziele, Visionen, Verantwortung, Entscheidungen, Maßnahmen
- Selbstverwirklichung, Selbstständigkeit, Mitverantwortung, Weiterbildung, Anerkennung

ZIELVORGABEN · STEUERN
DELEGIEREN · ANERKENNEN
FÖRDERN · ENTWICKELN

ZIELERFÜLLUNG · LEISTUNG
INTERESSE · LÖSUNGEN

Diskutieren Sie die unterschiedlichen Erwartungen der beiden Seiten und die dadurch erkennbaren Abhängigkeiten im Verhalten. Bilden Sie Beispiele aus der betrieblichen Praxis, an welchen Stellen es zu Konflikten zwischen den Erwartungshaltungen kommen kann.

4. Führungsverhalten

Aspekt: Fünf Führungsprinzipien

Behandeln Sie mit Ihren Teilnehmern die fünf nachfolgenden Punkte. Stellen Sie sicher, dass die Prinzipien anhand von Beispielen aus der praktischen Erfahrung nachvollziehbar gestaltet sind.

1. **Der Mitarbeiter hat das Bedürfnis zu verstehen, was von ihm erwartet wird.**

- Ziele vereinbaren
- Genaue (übereinstimmende) Auffassung über gewünschte Qualität (mit Terminfestsetzung) herbeiführen
- Gleiche Prioritäten setzen
- Beratende Hilfe anbieten, wenn Probleme auftauchen

2. **Der Mitarbeiter hat das Bedürfnis, etwas selbst und selbstständig zu tun.**

- Problem der differenzierten Delegation:
  - Mitarbeiter, die häufig beratende Hilfe brauchen
  - Mitarbeiter, die freie Hand wünschen

- Abhängig von der Qualifikation des Mitarbeiters:
  - Lebenserfahrung
  - Berufserfahrung
  - Umgang mit Erfolg und Misserfolg

3. **Der Mitarbeiter hat das Bedürfnis zu wissen, wie gut oder weniger gut er seine Aufgaben löst.**

- Mitarbeiter-Entwicklung heißt:
  - mitarbeiterbezogene Anforderungen stellen (Unterforderung bzw. Überforderung erkennen und vermeiden),
  - sich zu geeigneten Zeitpunkten berichten lassen,
  - anerkennen, loben,
  - konstruktive Kritik üben,
  - situationsbezogen kritisieren, nicht personenbezogen.

4. Der Mitarbeiter hat das Bedürfnis, Hilfe zu erhalten, wenn er sie braucht.

- Mitarbeiterentwicklung heißt auch:
  - sich regelmäßig berichten lassen,
  - gemeinsam Lösungswege suchen,
  - ermutigen bei schwierigen Aufgaben,
  - Wissen und Erfahrungen zur Verfügung stellen, (anbieten, nicht bevormunden, nicht in der „Ich"-Form).

5. Der Mitarbeiter hat das Bedürfnis, Anerkennung und Kritik nur auf der Basis seines jeweiligen Erfolges oder Misserfolges zu bekommen.

- Das Eisen schmieden, solange es heiß ist; d.h. Anerkennung bzw. Kritik äußern zu dem Zeitpunkt, an dem es nötig bzw. zielorientiert sinnvoll ist.
- Kein Schnee von gestern.
- Nichts ist verletzender als nachtragende bzw. persönliche Kritik.

Kommentar:
Zur differenzierten Betrachtung sollten Sie diskutieren, ob und wo den Prinzipien Grenzen gesetzt sind. Ebenfalls zu diskutieren ist die Frage, wie sich das Einlassen auf die Bedürfniswelt des Mitarbeiters auf das Erreichen von Unternehmensergebnissen auswirkt.

Im Rahmen des Coaching-Gesprächs kann das Thema erneut aufgegriffen und auf Relevanz geprüft werden *(vgl. Seite 177 und 183 ff.)*.

4. Führungsverhalten

4.5. Führungsstile

Lernziel:
Wiederholung von typischen Klassifizierungen des Führungsverhaltens.

Formulieren Sie eine Arbeitsaufgabe. Die Ergebnisse können im Plenum diskutiert werden.

Arbeitsaufgabe und zusammenfassender Vortrag

Zeitbedarf:
15-25 Minuten

Übung: Führungsstile

Bearbeiten Sie folgende Fragen:

1. Gibt es bestimmte, allgemein gültige Verhaltensmuster für Führungskräfte?

2. Welchen Sinn haben die häufig zu lesenden Aussagen über Vor- und Nachteile der Führungsstile „kooperativ" – „autoritär" – „laissez faire"?

3. Was ist unter dem Begriff „situationsbezogenes Führen" zu verstehen?

Ihre Antworten:

1. _____

2. _____

3. _____

Visualisierungshilfe:

Führungsstil – Verhaltensgitter

Mitarbeiterorientierung

1.9 Kollegialer Führungsstil | 5.5 Kooperativer Führungsstil 9.9

1.1 Bürokratischer Führungsstil | Autoritärer Führungsstil 9.1

Aufgabenorientierung

Anhand der Präsentationsvorlage werden die gängigen Führungsstile wiederholt. Das Verhaltensgitter visualisiert, wie stark ausgeprägt der jeweilige Grad der Mitarbeiterorientierung bzw. der Aufgabenorientierung ist.

Je nach Gruppenzusammensetzung können die Charakteristika der einzelnen Führungsstile erarbeitet werden.

Kommentar:
Der kooperative Führungsstil gilt als der erfolgreichste. Er stellt allerdings auch enorm hohe Anforderungen an die Führungskraft und ist nicht leicht zu erlernen. Grundsätzlich gilt, dass Mitarbeiter- oder Teamcoaching nur in einem kooperativ geführten Betriebsklima erfolgreich durchgeführt werden kann.

5. Mitarbeitermotivation

Erreichbare Trainingsziele

- Die Faktoren menschlichen Verhaltens kennen lernen.
- Behandlung unterschiedlicher Motivarten sowie der Einflussfaktoren für Arbeitszufriedenheit. (nach Herzberg)
- Behandlung der motivationalen Grundlagen von Leistung und Zufriedenheit – und die Einflussmöglichkeit einer Führungskraft.
- Umgang mit Motivationsmitteln im Arbeitsprozess.
- Wahrnehmung des Einflussfaktors „Betriebsklima".
- Motivatorisches Entwicklungspotenzial des Mitarbeiters erkennen.

Trainer-Tools

- Arbeitsaufgabe
- Vortrag mit Präsentationsvorlagen (Overhead, PowerPoint)
- Gruppendiskussion
- Übung
- Arbeitsblatt

5. Mitarbeitermotivation

5.1. Grundlagen der Motivation 77

5.2. Inhaltstheorien zum Thema Motivation 79

5.3. Grundlagen von Leistung und Zufriedenheit 82

5.4. Motivationsmittel 84

5.5. Das Betriebsklima 88

5.6. Übung zur Mitarbeitermotivation 90

5. Mitarbeitermotivation

5.1. Grundlagen der Motivation

Lernziel:
Kennenlernen der Faktoren menschlichen Verhaltens.

Lassen Sie Ihre Teilnehmer folgende Übung ausführen und stellen Sie im Plenum fest, welche der Aussagen am häufigsten als zutreffend wahrgenommen wird bzw. welche am wenigsten. Diskutieren Sie die Begründungen.

Arbeitsaufgabe
(10 Minuten)
Diskussion
(20 Minuten)
Vortrag
(10 Minuten)

Übung: Motivation

Welche der folgenden Aussagen trifft nach Ihrer Meinung den Kern der Sache am besten (x)?
Welche der Aussagen trifft am wenigsten zu (0)?

Begründen Sie Ihre Bewertung.

- Jeder Organismus strebt danach, Hindernisse zu überwinden, um seine Bedürfnisse zu befriedigen.

- Motivation ist ein Zustand des Angetriebenseins.

- Der Mensch kann neue Motive lernen.

- Motivation ist ein Führungsmittel, das man manchmal, aber nicht immer anwenden kann.

- Motive zu erkennen, ist in erster Linie eine Sache der Erfahrung.

- Das wichtigste Motivationsmittel des Vorgesetzten ist Freundlichkeit.

- Wer genügend Geld verdient, braucht letztlich nur wenig Motivation.

Aspekt: Bedingungsfaktoren menschlichen Verhaltens

Menschliches Verhalten wird von einer Reihe Faktoren bestimmt:

- Fähigkeiten,
- Persönlichkeitsstruktur,
- Motivation,
- Umwelt (materiell und sozial).

Verhalten ist abhängig von äußeren (situativen) und inneren (psychischen) Faktoren. Dies bedeutet:

- Menschliches Verhalten ist mehrfach bedingt. Man kann Verhalten nicht aus einer einzigen Ursache heraus erklären.

- Menschliches Verhalten ist verursacht. Es geht auf die Einwirkungen eines Verursachers (Motiv) zurück.

- Die Umwelt wirkt nicht direkt auf das Verhalten, sondern im „Umweg" über die Person. Anreize und Angebote aus der Umwelt werden gefiltert, bewertet, verarbeitet, ehe sie sich im Verhalten bemerkbar machen.

- Anreize sind die Aktivatoren von Motiven. Es gibt nur wenige, im rhythmischen Wechsel selbsttätig wirksame Überlebensbedürfnisse. Die Mehrzahl der menschlichen Motive sind in der Auseinandersetzung des Organismus mit der Umwelt erworben, d.h. „gelernt" worden. Sie sind auch über die Umwelt in Form von Anreizen aktivierbar. Man kann deshalb nicht nach den Motiven des Menschen fragen, ohne die Anreizsituation zu berücksichtigen.

Kommentar:
Die Teilnehmer sollten erkannt haben, dass Motivation nur eine von verschiedenen Einflussgrößen ist, die menschliches Verhalten bestimmen. Lassen Sie diskutieren, was die Anzeichen für ein motiviertes Verhalten sind. Woran kann man erkennen, ob ein Verhalten vorwiegend durch Motive und nicht durch andere Größen beeinflusst worden ist (Hinführung zu dem anschließenden Abschnitt)?

5. Mitarbeitermotivation

5.2. Inhaltstheorien zum Thema Motivation

Lernziel:
Wahrnehmung unterschiedlicher Motivarten sowie Kennenlernen der Einflussfaktoren für Arbeitszufriedenheit.

Vortrag mit Visualisierungshilfe

Zeitbedarf: 45 Minuten

Motiviertes Verhalten ist durch zweierlei gekennzeichnet:

- durch die Aktivität oder den Erregungszustand eines Organismus,
- durch die Ausrichtung des Verhaltens auf ein Ziel oder einen Zweck hin.

Aktivität und Zielgerichtetheit sind die beiden grundlegenden Kriterien, an denen motiviertes Verhalten zu erkennen ist.

Was ist ein Motiv?
Unter einem Motiv verstehen wir einen momentanen oder überdauernden Beweggrund für Verhalten.

Hinter den inhaltlich verschiedenartigen Motiven tritt jedoch die allgemeine Struktur eines im Verhalten wirksamen Motivs klar zu Tage:

- Es entsteht ein Bedürfnis/eine Empfindung mit dem Ziel, es zu befriedigen.
- Es wird von der Erwartung gesteuert, dass ein ganz bestimmtes Verhalten am besten zum Ziel führt.
- Dieses Verhalten wird dann, soweit es die Situation erlaubt, gezeigt.

Im Anschluss erfolgt die Prüfung, inwieweit das Verhalten auch tatsächlich das Bedürfnis befriedigen kann: Wurde es befriedigt, entsteht die Tendenz, das Verhalten beizubehalten, oder es stattdessen zu korrigieren.

Was sind Bedürfnisse?
Bedürfnisse sind konkretisierte Triebe.

Was sind Triebe?
Triebe sind psychische Impulse. Ein Trieb wird durch einen Reiz geweckt und führt zu einem Bedürfnis. Triebe sind im Organismus grundsätzlich vorhanden.

Was ist Motivation?
Motivation bezeichnet den dynamischen Zustand eines Organismus, der durch Motive in Aktivierung gebracht worden ist.

Nach der Motivation (Motiviertheit) eines Menschen zu fragen heißt, nach dem Geflecht überdauernder und aktivierbarer Motive zu forschen. Während das Motiv ein einzelner, isolierbarer Beweggrund für ein spezifisches Verhalten ist, ist die Motivation die strukturierte und integrierte Gesamtheit der Antriebe und Wertziele, aus denen heraus ein Mensch handelt und im Leben seine Ziele zu verwirklichen sucht.

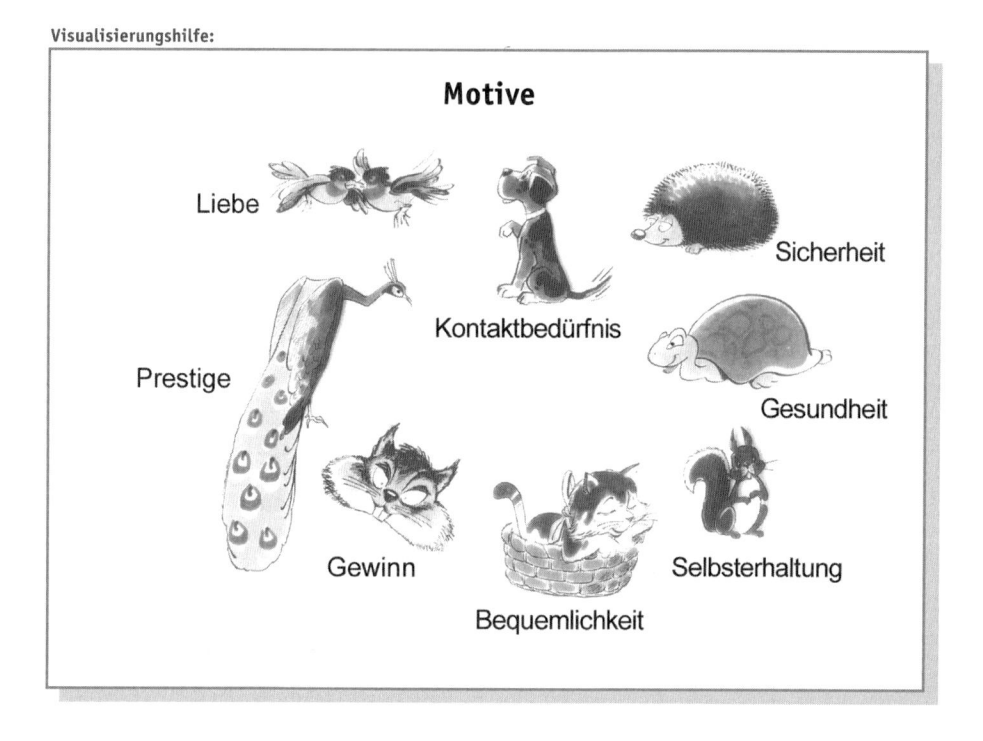

Visualisierungshilfe:

Motive

- Liebe
- Kontaktbedürfnis
- Sicherheit
- Prestige
- Gesundheit
- Gewinn
- Bequemlichkeit
- Selbsterhaltung

5. Mitarbeitermotivation

Motivation ist der Erwartungszustand (Spannungszustand) des Organismus,

- der auf die Befriedigung von Bedürfnissen ausgerichtet ist;
- zu dem ein Motiv (Verursacher, Beweggrund) Anlass gab;
- der durch Anreize gesteuert werden kann.

Aspekt: Die Zweifaktoren-Theorie von Herzberg

Visualisierungshilfe:

Die Zweifaktoren-Theorie von Herzberg

Motivatoren
Zufriedenheit stark ausgeprägt:
Dies wird erreicht durch:
- hohe eigene Leistung
- Anerkennung für die Leistung
- interessanten Arbeitsinhalt
- Übertragung von Verantwortung
- Aufstieg
- Möglichkeiten zur Selbstverwirklichung

Hygienefaktoren
Unzufriedenheit stark ausgeprägt:
Dies wird bewirkt durch:
- schlechten Führungsstil
- schlechte Unternehmenspolitik und -verwaltung
- schlechte Beziehung zu Gleichgestellten, Untergebenen und Vorgesetzten
- schlechte äußere Arbeitsbedingungen
- mangelhafte Arbeitsplatzsicherheit
- niedrige Entlohnung
- geringen Status
- wichtige persönliche Lebensumstände

Hygienefaktoren
Unzufriedenheit nicht ausgeprägt:
Dies wird erreicht durch:
- guten Führungsstil
- gute Unternehmenspolitik und -verwaltung
- gute Beziehung zu Gleichgestellten, Untergebenen und Vorgesetzen
- gute äußere Arbeitsbedingungen
- hohe Arbeitsplatzsicherheit
- gute Entlohnung
- hohen Status
- günstige persönliche Lebensumstände

Motivatoren
Zufriedenheit nicht ausgeprägt:
Dies wird bewirkt durch:
- schlechte eigene Leistung
- fehlende Anerkennung für die Leistung
- langweiligen Arbeitsinhalt
- geringe Übertragung von Verantwortung
- nicht erfolgten Aufstieg
- schlechte Möglichkeiten zur Selbstverwirklichung

Arbeitszufriedenheit wird nach dem Herzberg-Modell mit den Dimensionen „zufrieden – nicht zufrieden" sowie „unzufrieden – nicht unzufrieden" dargestellt. Verantwortlich für die Ausprägung der Unzufriedenheit sind die so genannte Hygienefaktoren, für die Ausprägung der Zufriedenheit die so genannte Motivatoren.

Kommentar:
Inhaltstheorien zur Motivation wie die von Herzberg bieten gute Hinweise für die Umsetzung in den Führungsalltag.

5.3. Grundlagen von Leistung und Zufriedenheit

Lernziel:

Vortrag (10 Minuten)

Kennenlernen der motivationalen Grundlagen von Leistung und Zufriedenheit. Diskussion der Möglichkeiten von Organisation und Führungskraft, diese beiden Faktoren zu beeinflussen.

Gruppenarbeit und Reflexion (45 Minuten)

Bedingungen von Arbeitszufriedenheit – wichtige Anreize der Organisation:

Menschen ergreifen einen Beruf, weil er ihren Interessen und Neigungen entspricht. Sie treten in bestimmte Organisationen ein, weil diese im Vergleich zu anderen attraktiver erscheinen. Sie übernehmen Aufgaben und Verantwortungen, weil sie sich davon irgendwelche Vorteile und Belohnungen versprechen.

Die allgemeine Zufriedenheit eines Menschen, d.h. die positive Einstellung zu Beruf und Position, hängt in großem Umfang davon ab, ob die Organisation ihm jene Angebote unterbreitet, die für ihn wichtig, wertvoll und unverzichtbar sind.

Folgende Anreize einer Organisation sind für die Zufriedenheit der Menschen bedeutsam (die Angaben stammen aus Erhebungen in unterschiedlichen Branchen):

- Gehalt
- Aufnahme und Rückhalt durch die Kollegen
- Kooperativer Führungsstil
- Abwechslungsreiche Tätigkeit
- Möglichkeit zur Mitentscheidung
- Höhe der Position (Rang, Status)
- Arbeitsbedingungen
- Entwicklungs- und Aufstiegsmöglichkeiten

5. Mitarbeitermotivation

Übung zum Thema Anreize

Zur Umsetzung der vorangegangenen Inhalte bilden Sie Teilgruppen und lassen Sie diese die folgenden Fragen diskutieren. Die Ergebnisse werden im Plenum zusammengefasst und begründet.

Übung: Anreize

Bitte diskutieren Sie folgende Fragen auf Grundlage Ihres betrieblichen Alltags.

- Welche Anreize sind Ihrer Meinung nach Antriebsfaktoren für Ihre Mitarbeiter?

- Welche Anreize bietet Ihr Unternehmen, die Mitarbeiter in ihrer Leistungswilligkeit und Arbeitszufriedenheit positiv zu beeinflussen?

- Welche persönlichen Ideen haben Sie in Bezug auf die Motivation Ihrer Mitarbeiter?

- Wie bringt man einem erfahrenen, bisher erfolgreichen Außendienstmitarbeiter bei, dass seine Zahlen (Umsatz, Neukunden-Akquisition, Kundenbesuche usw.) nicht mehr stimmen?

Kommentar:
Bei der Behandlung von Anreizen kann es zu teilweise sehr lebhaften Diskussionen und zu äußerst kreativen Ergebnissen kommen; insbesondere im offenen Seminar, wenn die Teilnehmer aus unterschiedlichen Unternehmensorganisationen kommen, ist das der Fall.

5.4. Motivationsmittel

Vortrag

Lernziel:
(Kennen-)Lernen des Umgangs mit Motivationsmitteln im Arbeitsprozess.

Zeitbedarf:
30 Minuten

Extrinsische Motivation: Äußere Belohnung und Bestrafung
Das wirksamste und verbreiteste Prinzip, Menschen im Sinne der Leistungserfüllung zu beeinflussen, ist die Anwendung von Belohnung und Strafe. Solche Verhaltensweisen werden belohnt, die zur Erreichung der von der Organisation gesteckten Ziele beitragen. Solche, die sie behindern oder gar unerheblich für sie sind, werden nicht belohnt oder gar bestraft.

Die Organisation macht Belohnungen von der Erfüllung einer Aufgabe bzw. dem Erreichen eines Zieles abhängig. Weil Menschen gerne Belohnungen haben möchten, strengen sie sich an, um über die Aufgabenerfüllung an sie heranzukommen.

Zwei wichtige äußere Belohnungen sind:
- Geld und
- Beförderung.

Intrinsische Motivation: Innere Belohnung
Leistung kann auch als ein Ziel in sich selbst betrachtet werden. Menschen ziehen Befriedigung aus der Tatsache, dass es ihnen gelungen ist, Aufgaben gekonnt und erfolgreich zu verwirklichen. Sie erfahren ebenso Angst und innere Spannung, wenn sie versagt haben. Beides ist unabhängig von äußerer Belohnung oder Bestrafung.

Wann ist ein Mensch zur Leistung auch ohne äußeren Druck motiviert? Unter welchen Bedingungen fühlt sich ein Mensch seiner Aufgabe verpflichtet?

Die Motivationsforschung hat das Augenmerk vor allem auf jene Bedingungen gerichtet, deren Gestaltung dem Menschen die Chance eröffnet, sowohl einen eigenständigen, selbstverantwortlichen

Beitrag zu leisten, wie auch das Gefühl zu haben, solidarisch in einer Gruppe anerkannt und akzeptiert zu sein.

Dies insbesondere durch:
- die Arbeit selbst und
- die sozialen Beziehungen zu Vorgesetzten und Kollegen.

Die Mittel im Einzelnen

I. Die Arbeit selbst

Unter dem Gesichtspunkt der Leistungsbereitschaft sind vor allem folgende Aspekte wichtig:

- Welcher Art ist die Tätigkeit?
- Wie selbstständig darf der Mensch arbeiten?
- In welchem Umfang wird er zur Mitentscheidung herangezogen?

- Die Art der Tätigkeit
  - Das Ansprechen der verschiedenen Fähigkeiten des Menschen.
  - Der menschliche Organismus braucht ein bestimmtes Maß an sich verändernden Umweltreizen.
  - Bedürfnisse nach Entspannung und Passivität sind ebenso gegeben, wie Bedürfnisse, die dazu antreiben, z.B. aus Neugier, Interesse, Risikobereitschaft, Nervenkitzel oder Abwechslung die Herausforderung zu suchen.

- Der Grad der Selbstständigkeit
  Die Zufriedenheit der Mitarbeiter wird erhöht, wenn sie nicht eng und sklavisch an Anweisungen gebunden sind, sondern einen eigenen Entscheidungsspielraum besitzen. Nach den bisher vorliegenden Erfahrungen scheint Führung durch Zielvereinbarung durchaus geeignet, die Mitarbeiter zu höherer Leistungsbereitschaft zu motivieren.

- Beteiligung an Entscheidungsprozessen
  - Klassische Managementlehren suchen nach Methoden und Verfahren, um die verantwortliche Individualentscheidung des Vorgesetzten rational zu begründen.
  - Die Sozialpsychologie weist auf die psychologischen und sozialen Prozesse im Entscheidungsprozess hin und fordert eine stärkere Beteiligung der Entscheidungsausführenden am Prozess.

II. Soziale Beziehungen zu Vorgesetzten

Visualisierungshilfe:

Soziales Lernen

1. Unsicherheitsphase
2. Auswahl neuen Verfahrens*
3. Ausübung neuen Verhaltens*
4. Beweiserlebnis für neues Verhalten*
5. Integration in das Verhalten* oder Verzicht darauf
6. erneute Unsicherheitsphase

Erfolge und Misserfolge erleben und verarbeiten

* gegenüber Mitarbeitern, Vorgesetzten, Kunden

Es gibt nicht den einen, besten Führungsstil. Wie kann der Vorgesetzte trotzdem fördernd auf die Leistungsbereitschaft seiner Mitarbeiter einwirken?

5. Mitarbeitermotivation

a) Der Vorgesetzte kann äußere Belohnung und Bestrafung direkt vermitteln; weniger durch Geld und Beförderung, als vielmehr durch:
- fortwährende Kritik,
- Nichtbeachtung,
- Zuweisung unangenehmer Aufgaben

oder durch:
- Beachtung,
- Respektieren,
- Eintreten für den Mitarbeiter.

b) Vermittlung von indirekter Belohnung (Bestrafung) durch:
- (Nicht-)Hinweisen auf dem Weg zur Aufgabenerfüllung (Zielerreichung),
- (Nicht-)Informieren der Mitarbeiter über Umfeldprobleme.

c) Vorgesetzte können durch gezeigtes Führungsverhalten dazu beitragen, dass Mitarbeiter fähig werden, sich eigene Ziele zu setzen und selbstständig zu erreichen durch:
- Anerkennung, die das Selbstwertgefühl stärkt,
- Vertrauen durch weniger Fremd- und mehr Selbstkontrolle,
- Einräumen eines relevanten Entscheidungsspielraumes.

Kommentar:
Von diesem Abschnitt aus kann man gut in die Thematik der „Führungsstile" *(siehe Seite 73)* einsteigen, falls erforderlich. Oder Sie steigen nun in das Thema „Die Qualifikation als Coach" ein *(siehe Seite 117 ff.)*.

5.5. Das Betriebsklima

Diskussion

Lernziel:
Wahrnehmung der negativen wie positiven Ausprägungen des Einflussfaktors Betriebsklima auf die Mitarbeitermotivation.

Zeitbedarf:
15 Minuten

Kennzeichen schlechten Betriebsklimas

- Soziale Distanz
- Betonung der Hierarchie
- Elitäre Tendenzen gewisser Gruppen
- Schiefes Bild vom Menschen (Menschen sind „Arbeitskräfte")
- Machthungrige und geltungsbedürftige Personen in der Führung
- Soziale Kurzsichtigkeit verhindert Entstehung einer Betriebsgemeinschaft
- Nicht ausreichende Entscheidungsbefugnisse der Mitarbeiter
- Überbetonung der Vorgesetztenfunktion
- Man schiebt den „Schwarzen Peter" stets anderen zu
- Permanente Suche nach dem „Schuldigen"
- „Alte Hasen" hüten eifersüchtig ihren Wissensschatz
- Undurchsichtige Abhängigkeitsverhältnisse
- Mangelhafter Informationsfluss
- Taktisches Verhalten
- Erhöhte Wachsamkeit
- Starke Absicherungstendenz
- Misstrauen

Stellen Sie beide Tabellen gegenüber und lassen Sie Ihre Teilnehmer prüfen, in welchem Klima sie sich selber tendenziell eher wiederfinden. Diskutieren Sie, auf welche Weise die aufgeführten Kennzeichen den Coaching-Prozess beeinflussen können.

5. Mitarbeitermotivation

Kennzeichen guten Betriebsklimas

- Geringe zwischenmenschliche Distanz
- Hierarchie ist „versachlicht"
- Jeder ist „gleich wichtig"
- Achtung der Menschenwürde
- Kooperative, konstruktive, sachliche Vorgesetzte
- Alle personalorganisatorischen Maßnahmen und Regelungen sind auf das Ziel gerichtet, eine Betriebsgemeinschaft zu formen
- Entscheidungsbefugnisse sind delegiert
- Vorgesetzte sind Menschen unter Menschen
- Transparente Organisation – geordnete betriebliche Verhältnisse
- Mitarbeiter und Vorgesetzte übernehmen Verantwortung für getroffene Entscheidungen
- Entfaltungsmöglichkeiten für jeden, Aufstiegschancen und Leistungsprinzip
- Klare Gruppenbildung, Vorgesetzte genießen Respekt
- Führung informiert umfassend
- Kollegialität und Hilfsbereitschaft
- Gegenseitiges Vertrauen
- Geringe Absicherungstendenz

Kommentar:
Ebenfalls geeignet für Trainings zu Zielvereinbarungs- und Fördergesprächen.

5.6. Übung zur Mitarbeitermotivation

Arbeitsblatt

Lernziel:
Zuordnung des Entwicklungspotenzials von Mitarbeitern.

Übung: Mitarbeitermotivation

Bitte füllen Sie für zwei Ihrer Mitarbeiter die folgende Beschreibung aus. Wählen Sie die wahrscheinlich größten Defizite aus und legen Sie fest, mit welchen Maßnahmen Sie den Mitarbeiter motivieren könnten.

1. Interessen
   - In der Freizeit tut er gerne:
   - Ohne Zwang tut er gerne:
   - Diese Probleme interessieren ihn:
   - Diese Fragen interessieren ihn:

2. Bedürfnisstruktur
   - Als Belohnung empfindet er:
   - Als Erfolg empfindet er:
   - Gute Ergebnisse sind für ihn:
   - Als persönliche Mängel empfindet er:

3. Feste Vorstellungen
   - Er ist fest überzeugt von:
   - Er neigt zu positiver Bewertung von:
   - Er neigt zur Ablehnung von:

4. Bildung/Ausbildung
   - Schulabschluss:
   - Berufsausbildung:
   - Berufserfahrung:
   - Weiterbildung:

Kommentar:
Auch als Formular für die trainierte Führungskraft geeignet.

Teil II
Mitarbeiter-Coaching

1. Coaching-Grundlagen

Erreichbare Trainingsziele

- Einstimmung in das Thema.
- Kurzzusammenfassung, was Coaching bedeutet.
- Begriffliche Abgrenzungen klären.
- Umgang mit Motivationsmitteln im Arbeitsprozess.
- Wahrnehmung des Einflussfaktors „Betriebsklima".
- Motivatorisches Entwicklungspotenzial des Mitarbeiters erkennen.

Trainer-Tools

- Vortrag mit Präsentationsvorlagen (Overhead, PowerPoint)
- Gruppendiskussion

1. Coaching-Grundlagen

1.1. Coach sein 95

1.2. Was ist Coaching? 96

1.3. Settings von Coaching 99

1. Coaching-Grundlagen

1.1. Coach sein ...

Lernziel:
Einstimmung in das Thema.

Gruppenarbeit
(15 Minuten)

Arbeitsaufgabe: Bilden Sie Teilgruppen und lassen Sie Ihre Teilnehmer Antworten auf folgende Fragestellungen im Vorfeld sammeln. Die Antworten werden anschließend im Plenum vorgetragen und zusammengefasst.

Präsentation
(5 Minuten/Gruppe)
Reflexion
(15 Minuten)

Visualisierungshilfe:

Was ist Coaching

Was ist Coaching nicht

?

Kommentar:
Die gesammelten Antworten bleiben während der Veranstaltung verfügbar. Später können die gewonnenen Erkenntnisse noch einmal mit den Antworten verglichen werden.

1.2. Was ist Coaching?

Lernziel:
Zusammenfassung, was Coaching bedeutet.

Vortrag mit Visualisierungshilfe

Zeitbedarf: 20 Minuten

In einschlägigen Publikationen wird (Mitarbeiter-)Coaching vielfach als Wunderwaffe beschrieben. Außerdem fällt bislang eine gewisse Diffusität und Uneinheitlichkeit der Begriffsverwendung auf. Welche Bedeutung des Wortes „Coaching" ist aber wirklich sinnvoll?

Visualisierungshilfe:

Was ist Coaching?

Coaching ist ...

- ein Prozess und keine einmalige Intervention. Es sollen keine Weichen gestellt, sondern Schienen gelegt werden.

- nur in geschulten Händen Coaching. Fachlektüre oder Anweisungen machen noch keinen Coach.

- keine Therapie, sondern zeitlich begrenzte oder kontinuierliche Begleitung/Entwicklung der persönlichen Fähigkeiten des Mitarbeiters. Coaching zielt auf Selbstständigkeit und größere Flexibilität im Verhalten des Mitarbeiters ab.

Was ist Coaching? (Vorschläge)

- Coaching ist eine Maßnahme der Personalentwicklung, die sich perfekt auf die Belange des Einzelnen zuschneiden lässt.
- Coaching bedeutet „Prozessbegleitung", d.h., es findet prozessual und thematisch entlang der beruflichen Tätigkeit statt. Daher besteht eine hohe Wahrscheinlichkeit, dass Gelerntes in

1. Coaching-Grundlagen

den Beruf transferiert werden kann. Übungen finden in der Praxis statt.
- Coaching ist Beobachtung und Feedback, sowohl in gruppendynamischen als auch in verkaufsorientierten Prozessen. Feedback vollzieht sich praktisch ‚automatisch' in jedem Gespräch. Bei einer bewussten und gezielten Anwendung erfüllt Feedback vorrangig zwei Funktionen: Es ermöglicht Fehlerkorrekturen und Klärungen zwischen Sender und Empfänger, und es eröffnet beiderseitige Lernchancen.
- Daneben dient es als Dialogform über „Freud und Leid" im Beruf, denn hier erhalten alle beruflichen Krisenerscheinungen, aber auch alle Bedürfnisse nach beruflicher Fortentwicklung den ihnen gebührenden Raum (vgl. Astrid Schreyögg: Coaching für den Coach, Frankfurt/New York 1992).
- Somit ist Coaching eine zentrale Führungsaufgabe, die jedoch in der Praxis allzu häufig vernachlässigt wird.

Coaching ...

- orientiert sich am subjektiven Erleben des Mitarbeiters im Arbeitsprozess. Seine Werte, Ziele, Gedanken sind Zielvariablen. Werte und Ziele des Betriebs sind Restriktionen. Nicht umgekehrt. Es gibt kein gutes oder schlechtes Verhalten, sondern nur mehr oder weniger zweckmäßiges – im Sinne der individuellen Ziele des Mitarbeiters.

- ist umfassend. Es will nicht nur die Leistungsfähigkeit des Mitarbeiters erhöhen, sondern auch dessen Zufriedenheit.

- ist nur dann Coaching, wenn es mehr auf der Grundlage „ich vertraue Dir" beruht als auf der Aussage „ich werde Dir weiterhelfen".

- ist die fördernde Entwicklung von Mitarbeitern und Kollegen durch Begleitung und Feedback.

Was kann Coaching – was kann Coaching nicht?

Coaching soll helfen, dass die jeweiligen Mitarbeiter innerhalb Ihres Bereiches
- richtig handeln,
- erkennen, dass Teamarbeit wichtig ist,
- die Firmenphilosophie verstehen und in die Tat umsetzen,
- Entwicklungschancen erkennen und nutzen.

Coaching kann dem Mitarbeiter die Verantwortung für sein Handeln nicht abnehmen!

Kommentar:
Grundlagenarbeit. Hier lohnt ein abschließender Vergleich zu den eingangs getroffenen Aussagen der Teilnehmer *(vgl. Seite 95)*.

1. Coaching-Grundlagen

1.3. Settings von Coaching

Lernziel:
Die Teilnehmer erkennen die begrifflichen Abgrenzungen.

Vortrag
(30 Minuten)

Visualisierungshilfe:

Settings von Coaching

- Einzelcoaching
- Gruppencoaching
- Teamcoaching

Erläuterung:
Coaching findet traditionell in einer Zweierbeziehung statt, wo ein Mitarbeiter von einem Coach beraten wird. In den letzten Jahren erfreut sich aber auch Coaching von Kleingruppen wachsender Beliebtheit. Hierbei handelt es sich entweder um Gruppen von Menschen mit funktions- und hierarchiegleichen Positionen. Oder es handelt sich um Teams, d.h. kooperierende Arbeitsgruppen. Alle drei Settings, das Einzel-, Gruppen- und Team-Coaching, enthalten typische Vor- und Nachteile. Durch sie lassen sich auch jeweils unterschiedliche Ziele realisieren.

Zeitbedarf:
ca. 30 Minuten

Einzel-Coaching
Einzel-Coaching stellt das klassische Verfahren dar. Jeder Mitarbeiter, der im Coaching einen intimen Ort zur Auseinandersetzung mit seinem Anliegen sucht, wird Coaching im Einzel-Setting bevorzugen.

Dieses Setting weist allerdings auch Nachteile auf. Der Coach bleibt hier nämlich der einzige Gesprächspartner für den Mitarbeiter. Selbst wenn der Horizont des Coach sehr breit ist, besteht die Gefahr, dass immer nur ein bestimmter Radius von Perspektiven und Handlungsmustern verhandelt wird. So lassen sich soziale und konzeptionelle Managementkompetenzen in einem größeren sozialen Verbund oft besser fördern.

Gruppen-Coaching
Beim Gruppen-Coaching liegen die Verhältnisse genau anders herum als beim Einzel-Coaching. Es stellt niemals einen so intimen Ort wie das Einzel-Coaching dar, so dass sich hier auch nur in Ausnahmefällen eine intensive Krisenarbeit mit einzelnen leisten lässt. Eine Gruppe von Menschen repräsentiert immer ein Setting mit einer gewissen Öffentlichkeit. Es reduziert daher automatisch die Bereitschaft zur persönlichen Öffnung, wie es gerade bei individueller Krisenintervention unabdingbar ist. Dafür bietet dieses Setting aber breite Möglichkeiten der Personalentwicklung. Jeder Teilnehmer verfügt über vielfältige Erfahrungen im Berufsleben, die er in Konfrontation mit den gerade aktuellen Themen einbringen kann.

Team-Coaching
Im Team-Coaching treffen Menschen zusammen, die in einem permanenten kooperativen Zusammenhang stehen.

Team-Coaching gilt als besonders sinnvoll, wenn ein Team möglichst schnell eine maximale Effizienz entfalten soll. Hierbei bestehen vorrangig folgende Ziele:
- Entwicklung eines komplexen Rollenverständnisses für die jeweils anderen Teammitglieder.
- Entwicklung eines Verständnisses für die Funktionen dieses Teams in einem größeren organisatorischen Rahmen.

1. Coaching-Grundlagen

- Entwicklung einer guten Kommunikationsbasis innerhalb des Teams über Sach- und Beziehungsphänomene.
- Stärkung der team-internen Supportfunktionen.
- Sensibilisierung für team-interne Gruppenphänomene.
- Entwicklung sinnvoller Konfliktlösungspotenziale im Team.
- Entwicklung von team-übergreifenden Kooperationsformen.
- Entwicklung von Korpsgeist.

Aspekt: Externes und internes Coaching, Feldtraining

- **Externes Coaching** umfasst die individuelle Betreuung, Beratung von Managern und Vertriebsmitarbeitern durch einen psychologisch und fachlich spezialisierten Coach.

- **Internes Coaching** ist entwicklungsorientiertes Führen von Mitarbeitern durch gelenkte Aktivitäten des Vorgesetzten (=Mitarbeiter- oder Team-Coaching).

- **Feldtraining** ist eine Variante des Mitarbeitercoaching, bei dem der Mitarbeiter von einem externen Trainer oder der eigenen Führungskraft bei einem direkten Kontakt mit Kunden, Mitarbeitern oder Kollegen begleitet und trainiert wird.

Kommentar:
Coaching strebt Veränderungsprozesse an. Insofern ist Coaching die unabdingbare Ergänzung zu Trainingsmaßnahmen, die ebenfalls Verhaltensmuster verändern sollen. Durch das Üben mit ‚Ernstcharakter' ist der Mitarbeiter oft selbst überrascht, wie gut der Transfer gelingt. Insofern stellt Coaching zwar eine relativ aufwendige aber wohl die effektivste Form dar, Verhaltensmuster zu ändern und Erlerntes in die Praxis umzusetzen.

Guter Anknüpfungspunkt für die Inhalte aus Kapitel 5 „Training-on-the-job" *(siehe Seite 163 ff.).*

2. Warum Coaching?

Erreichbare Trainingsziele

- Erkennen, welche Ziele mit Coaching erreicht werden können.
- Sensibilisierung der Teilnehmer für ihre neue Rolle als Coach.
- Feststellen, was vermittelt werden kann.
- Motivierendes Verhalten bei der Leistungssteuerung lernen.
- Argumentationen für den Einsatz von Coaching und Begegnung von Einwänden der Mitarbeiter gegen seine Einführung.

Trainer-Tools

- Vortrag mit Präsentationsvorlagen (Overhead, PowerPoint)
- Gruppenarbeit
- Übung
- Strukturierungsvorlage
- Argumentationsvorlage

2. Warum Coaching?

2.1. Ziele des Coaching 105

2.2. Mitarbeiternutzen 106

2.3. Lernen von Könnern 108

2.4. Wohlwollende Kontrolle 110

2.5. Argumente, warum Coaching wichtig ist 112

2.6. Einwände gegen Coaching behandeln 113

2. Warum Coaching?

2.1. Ziele des Coaching

Lernziel:
Die Teilnehmer sollen sich der Ziele bewusst werden, die sie mit Coaching verfolgen können.

Gruppenarbeit
(20 Minuten)
Zusammenfassung
(20 Minuten)

Fordern Sie Ihre Teilnehmer zur Diskussion auf, welche Ziele sie als Coach verfolgen können. Bilden Sie Teilgruppen, lassen Sie die Antworten dort sammeln und im Plenum vortragen.

Folgende Ziele könnten exemplarisch herausgearbeitet werden:

Visualisierungshilfe:

Die Ziele des Coaching

Als Coach werden Sie ...

- die fachlichen/verhaltensbedingten Fähigkeiten der Mitarbeiter und damit das Ergebnis des Unternehmens nachhaltig steigern.

- das Coaching in Ihrem Unternehmen als Verkaufsinstrument und für die Mitarbeiterentwicklung etablieren.

- die kundenorientierte Einstellung des Mitarbeiters erkennen und beeinflussen können.

- das Dienstleistungsdenken des Mitarbeiters beobachten, beurteilen und verändern können.

Kommentar:
Es ist, je nach Gruppenzusammensetzung, sehr wichtig, die Teilnehmer zunächst von dem Prinzip des Mitarbeiter-Coachings und seinem vielfältigen Nutzen zu überzeugen. Hierfür sollten Sie genügend Zeit einplanen. Wenn der Nutzen nicht erkannt wird, nützen die Techniken wenig.

2.2. Mitarbeiternutzen

Lernziel:
Diskussion **Sensibilisierung der Teilnehmer für ihre neue Rolle als Coach.**

Zeitbedarf: Fordern Sie Ihre Teilnehmer zur Diskussion auf, welchen Nutzen
15 Minuten Mitarbeiter-Coaching für die Belegschaft haben kann.

Visualisierungshilfe:

> **Welchen Nutzen erziele ich mit Coaching bei meinen Mitarbeitern?**

Arbeiten Sie heraus, dass der Vorgesetzte der geeignetste und beste Coach seiner Mitarbeiter ist.
- Er hat ständigen Kontakt zu seinen Mitarbeitern und Kunden.
- Er hat Fach- und Marktwissen und kann dieses Wissen an seine Mitarbeiter in kleinen Schritten weitergeben.
- Er kann in der Praxis am besten feststellen, ob seine Mitarbeiter Hilfe und Unterstützung brauchen, ob Defizite vorhanden sind oder was die Mitarbeiter bereits gut umsetzen.
- Er kann gezielte Mitarbeiterförderung und -entwicklung durchführen und begleiten.

Alternative:

Regen Sie an, sich an die eigenen Vorgesetzten zu erinnern, die Ihre Teilnehmer im Laufe ihres Arbeitslebens begleiteten. Gab es dort eine Person, die im Nachhinein als die wichtigste gilt?

Fragen Sie:
- War die Person für Sie ein Vorbild?
- Hat sie Ihnen gesagt, wie man etwas besser macht?
- Hat sie Geduld gehabt, aber hohe Anforderungen an Sie gestellt?
- Konnte sie Ihnen Ihre Stärken und Schwächen zeigen?

Kommentar:

Mit der Parallele zu eigenen Führungsvorbildern kann es manchmal sehr elegant gelingen, die Teilnehmer für das Thema zu gewinnen und sich besser in die eigene Rolle als Coach einzufinden.

Guter Einstieg in das Thema „Behandlung von Mitarbeiter-Einwänden gegen Coaching". Hierzu passend ist das Arbeitsblatt in Kapitel 2.6. *(siehe Seite 113/114)*.

2.3. Lernen von Könnern

Lernziel:

Übung in Einzelarbeit

Feststellen, was mit Hilfe von Coaching vermittelt werden sollte.

Zeitbedarf: 15 Minuten

Fordern Sie Ihre Teilnehmer auf, zu notieren, was der Mitarbeiter in der Arbeitssituation konkret umsetzen soll – und was dafür notwendig sein wird.

Übung: Lernen von Könnern

Sicher wird Ihr Mitarbeiter versuchen, alles, was er im Coaching gelernt hat, in der Praxis auf seine Brauchbarkeit hin „auszuprobieren". Hierfür braucht er jemanden, der ihm dabei hilft, und der mit ihm zusammen den Weg zu größeren Erfolgen geht.

Sehen, wie ein PROFI etwas macht. Davon kann man viel lernen. Das ist im Sport so und auch im Beruf. Sie als Coach sind Profi und Könner. Ihr Wissen und Ihre Erfahrung sind nicht nur für neue Mitarbeiter wertvoll, sondern auch für manche, die sich vor einem Coaching als „alte Hasen" sahen.

Es wird Ihrem Mitarbeiter helfen. Aber auch Ihnen. Sie werden dabei nämlich feststellen, dass es nicht so leicht ist, anderen etwas zu erklären, was man selbst perfekt beherrscht.

Sie werden Geduld haben müssen. Und Sie werden über Kleinigkeiten nachdenken müssen, die für Sie überhaupt kein Problem sind. Wohl aber für jemanden, der seine Aufgabe bisher anders gesehen hat als Sie und wir.

Deswegen stellen Sie sich bitte folgende Fragen:

2. Warum Coaching?

> Was kann mein Mitarbeiter von mir lernen?
>
> 1. _____
>
> 2. _____
>
> 3. _____
>
>
> Was kann und muss ich ihm für seine Aufgabe vermitteln?
>
> 1. _____
>
> 2. _____
>
> 3. _____

Kommentar:
Coaching bedeutet stets, sich intensiv mit dem Coachee auseinander zu setzen. In diesem Fall ermutigen Sie Ihre Teilnehmer, Dinge von verschiedenen Seiten aus zu betrachten.

2.4. Wohlwollende Kontrolle

Vortrag und Übung

Lernziel:
Motivierendes Verhalten bei der Leistungssteuerung.

Zeitbedarf:
15 Minuten

Ein ziemlich gängiges Verhalten unter Führungskräften ist es, die Kontrolle stets mit Ermahnungen zu koppeln. Wahrscheinlich deshalb, weil man glaubt, dass sie sonst nicht wirkt. Viel seltener sind dagegen Ermunterungen für Mitarbeiter, etwas einzusehen, zu verändern oder künftig besser zu machen, an der Tagesordnung.

Wer kennt negative Aussagen dieser Art nicht?
- „Das haben Sie mal wieder falsch gemacht."
- „Was haben Sie sich dabei nun wieder gedacht."
- „Zeigen Sie mal, ob Sie wenigstens das richtig können."

Dass Kontrolle, wohlwollende Kontrolle, eine große Hilfe ist, weiß eigentlich jeder. Wie sonst sollen wir feststellen, ob wir etwas gut oder nicht ganz richtig machen? Solange wir aber nicht in der Lage sind, motivierend und ermunternd unsere Entscheidungen den Mitarbeitern zu vermitteln, werden wir auf Widerstände stoßen.

Deshalb sollte man sich bei der Kontrolle folgenden Grundsatz zu eigen machen:

Erwische ihn/sie, wenn er/sie es gut macht!

Das gibt der Führungskraft die Möglichkeit, Anerkennung und Bestätigung auszusprechen. Gerade wenn man etwas Neues in der Praxis übt und anwendet, ist das der beste und sicherste Weg zum Erfolg.

2. Warum Coaching?

> **Übung: Erwische ihn/sie,
> wenn er/sie es gut macht!**
>
> Erarbeiten Sie fünf positive Aussagen der Anerkennung.
>
> 1. _____
> 2. _____
> 3. _____
> 4. _____
> 5. _____

Kommentar:
Das Thema lässt sich gut mit Elementen aus dem Abschnitt Mitarbeitermotivation koppeln *(vgl. Kapitel 5, Seite 77 ff.)*.

2.5. Argumente, warum Coaching wichtig ist

Arbeitsblatt

Lernziel:
Strukturierungsvorlage für den Coach.

Das folgende Arbeitsblatt hilft dem Coach, sich vor einem Coaching vor Augen zu führen, welchen Nutzen der Mitarbeiter vom Coaching hat. Außerdem dient dieses Formular als Arbeitsblatt, um die Argumente und den Nutzen zu erarbeiten. Die Argumente und der Nutzen sind die Grundlage, anderen Menschen die Idee des Coaching nahe zu bringen.

Warum Coaching wichtig ist

Bitte schreiben Sie hier Argumente für Coaching auf. Benutzen Sie dabei die Technik der Argumentation. Nicht entscheidend ist das Argument, sondern entscheidend ist herauszufinden, was dieses für den Mitarbeiter bedeutet.

Argument	Bedeutung

2. Warum Coaching?

2.6. Einwände gegen Coaching behandeln

Lernziel:
Argumentationsvorlage für den Coach.

Arbeitsblatt

Vorurteile und Einwände werden häufig von Menschen geäußert, die sich mit dem Thema noch nicht ausreichend beschäftigt haben oder aus bisher gemachten negativen Erfahrungen Angst haben. Deswegen hilft es weiter herauszufinden, was sich hinter der Aussage verbirgt, welche Beweggründe jemand hat und wie man selber darauf antworten würde.

Einwände gegen Coaching und ihre Behandlung

Einwand	Behandlung/Antwort
• Coaching und Training ist gut für Leute, die noch keine Erfahrung haben. Aber ich brauche das doch nicht!	
• Jede Situation ist anders. Das kann man im Vorfeld nicht festlegen.	
• Wieso jetzt auf einmal Coaching? Habe ich denn bis jetzt alles falsch gemacht?	
• Meine Ergebnisse stimmen doch. Wozu brauche ich jetzt auf einmal Coaching?	
• Ich fühle mich durch das Coaching gehemmt. Alleine geht es viel einfacher.	
• In der Theorie ist alles sehr einfach. In der Praxis sieht das ganz anders aus.	
• Ich habe keine Zeit. Coaching bedeutet zu viel Aufwand. Ich muss zuerst meine wichtigsten Aufgaben erledigen.	

© managerSeminare – Praxishandbuch Trainingskonzept

Einwände gegen Coaching und ihre Behandlung

Einwand	Behandlung/Antwort
• Coaching und Training ist gut für Leute, die noch keine Erfahrung haben. Aber ich brauche das doch nicht!	• Ich verstehe, dass dies so betrachtet werden kann: Mit anderen Worten, kommt Coaching und Training für Sie nur in Frage, wenn Sie dadurch in Ihrer Arbeit unterstützt werden?
• Jede Situation ist anders. Das kann man im Vorfeld nicht festlegen.	• Ich verstehe dies. Mit anderen Worten, sollte sich die Hilfe der individuellen Situation anpassen können?
• Wieso jetzt auf einmal Coaching? Habe ich denn bis jetzt alles falsch gemacht?	• Diesen Eindruck möchte ich Ihnen nicht vermitteln. Sie schließen jedoch Situationen aus, die noch besser gemacht werden könnten. Dabei möchte ich Ihnen helfen.
• Meine Ergebnisse stimmen doch. Wozu brauche ich jetzt auf einmal Coaching?	• Ich bin mit Ihren Ergebnissen zufrieden. D.h., mit meinem Coaching möchte ich Sie unterstützen, damit Sie künftig noch effektiver Ihre Ergebnisse erzielen können. Möchten Sie diese Hilfe nicht in Anspruch nehmen?
• Ich fühle mich durch das Coaching gehemmt. Alleine geht es viel einfacher.	• Ich danke für Ihre Offenheit. Mit anderen Worten, sollten wir das Coaching so praktizieren, dass Sie sich frei entfalten können?
• In der Theorie ist alles sehr einfach. In der Praxis sieht das ganz anders aus.	• Ich verstehe diesen Hinweis. Mit anderen Worten, legen Sie Wert darauf, dass wir ziemlich praxisorientiert an die Sache herangehen?
• Ich habe keine Zeit. Coaching bedeutet zu viel Aufwand. Ich muss zuerst meine wichtigsten Aufgaben erledigen.	• Ich habe Verständnis dafür, dass Sie unter Zeitdruck sind. D.h., Coaching ist dann akzeptiert, wenn wir dadurch nicht zusätzliche Zeit benötigen und es Ihnen bei den wichtigsten Aufgaben hilft?

3. Das Profil des Coach

Erreichbare Trainingsziele

- Die gestellten Anforderungen an den Coach kennenlernen.
- Eigene Stärken und Schwächen selbst und von anderen einschätzen lassen.
- Eigene Eigenschaften und Motive einschätzen können.
- Selbstanalyse und Rückkoppelung der Effektivität des eigenen Coaching.

Trainer-Tools

- Thesenbausteine
- Vorlagen zur Stärken/Schwächen-Wahrnehmung
- Vorlage für Persönlichkeitsprofil
- Überprüfungsfragen und Beurteilung

3. Das Profil des Coach

3.1. Anforderungen an den Coach 117

3.2. Besondere Stärken und Schwächen ergründen 119

3.3. Das Persönlichkeitsprofil 123

3.4. Fragebogen zur Überprüfung des Coaching 125

3. Das Profil des Coach

3.1. Anforderungen an den Coach

Lernziel:
Die Teilnehmer stellen fest, was von ihnen im Idealfall erwartet wird.

Themenbausteine für Vortrag (15 Minuten)

Die folgenden Aspekte können vom Trainer vorgestellt und in der Gruppe auf Relevanz geprüft werden. Wieviel davon kann von einer Führungskraft erwartet werden?

Arbeitsaufgabe (15 Minuten)

Breite Lebens- und Berufserfahrung
Zunächst sollte ein Coach Vertrauen erweckend sein. Das ist am ehesten gewährleistet, wenn er selbst über eine reiche Lebenserfahrung verfügt und die Höhen und Tiefen des beruflichen Daseins in verschiedenen Facetten selbst erfahren hat.

Gute persönliche Ausstrahlung
Mindestens ebenso wichtig ist die spezifische Persönlichkeit eines Coach bzw. seine persönliche Ausstrahlung. Hier wäre z.B. bei einem eher depressiv strukturierten Menschen zu befürchten, dass er bei jeder Thematik vorrangig das Schwierige oder Problematische sieht und dadurch zu wenig Ermutigung und Hoffnung vermitteln kann.

Angemessener Interaktionsstil
Eine andere wichtige Anforderung an den Coach stellt sein persönlicher Interaktionsstil dar. Coaching bedeutet immer einen Dialog zwischen erwachsenen Menschen über berufliche Fragestellungen. Der Coach soll als Spezialist für gutes Verstehen solcher Zusammenhänge die Mitarbeiter im Verlauf der Dialoge animieren, immer mehr zu verstehen und entsprechend ihren neu gewonnenen Horizonten verändert zu handeln.

Intellektuelle Flexibilität
Eine fast selbstverständliche Anforderung an den Coach stellt eine gute Auffassungsgabe dar, die mit intellektueller Flexibilität ein-

hergeht. Vorerfahrungen oder private Hintergründe der Mitarbeiter können prinzipiell so vielgestaltig sein, dass sie hohe Anforderungen an die Strukturierungs- und Verstehenskapazitäten der Gesprächspartner stellen.

Feldkompetenz
Ebenso sollte sich der Coach fragen, ob er für das Arbeitsfeld über ausreichende Vorkenntnisse verfügt. Diese als Feldkompetenz bezeichnete Qualifikation stellt im Einzelfall eine recht komplexe Anforderung dar.

Arbeitsaufgabe:
Lassen Sie Ihre Teilnehmer ein Profil über sich selbst erarbeiten.

Was sollte ein Coach leisten können?
- Was davon kenne ich bereits?
- Was davon kann ich bereits?

Kommentar:
Dieser Abschnitt des Trainings ist besonders dann sinnvoll, wenn der Trainer merkt, dass sich die Teilnehmer über die mit Coaching verknüpften Anforderungen nicht recht bewusst sind.

3.2. Besondere Stärken und Schwächen ergründen

Lernziel:
Selbst- und Fremdeinschätzung über die Stärken und Schwächen des Coach.

Vorlagen für den Coach und für dessen Mitarbeiter

Die eigenen Stärken als Führungskraft zu kennen ist grundsätzlich notwendig. Besonders wichtig wird dieser Aspekt, wenn die eigenen Mitarbeiter gecoacht werden sollen.

Eine Eigenanalyse in Bezug auf Stärken und Entwicklungspotenzial hilft, die Arbeit zielorientiert durchführen zu können. Es ist zudem sehr hilfreich, sich der Beurteilung seiner eigenen Mitarbeiter auszusetzen.

Coaching ist ein Prozess des gegenseitigen Vertrauens zwischen Mitarbeiter und Coach. Nur wenn Offenheit und Vertrauen im Sinne eines offenen, fairen Dialogs von beiden Seiten gegeben ist, führt Coaching zu positiven Veränderungen. Deswegen sollte der Coach auch eine Fremdanalyse seiner Mitarbeiter einholen.

Gleichzeitig kann der Mitarbeiter dazu motiviert werden, seinen eigenen Coaching-Bedarf zu formulieren.

Vorlagen zur Stärken/Schwächen-Wahrnehmung
Stellen Sie Ihren Teilnehmern die Vorlagen zu folgenden Fragebogen zur Verfügung und ermuntern Sie diese, den Mut aufzubringen, sich der Beurteilung ihrer Mitarbeiter zu stellen.

Erläutern Sie, dass man im Laufe des Lebens verschiedene Verhaltensmuster entwickelt, die möglicherweise von anderen völlig anders wahrgenommen und bewertet werden als von einem selbst. Die Kenntnis darüber, wie man von seiner Umwelt wahrgenommen wird, ist äußerst aufschlussreich für das eigene Führungsverhalten. Antworten zu den Fragebogen führen außerdem zu mehr Transparenz über die Mitarbeiterbedürfnisse und führen zu Ergebnissen, an die man möglicherweise selbst noch nicht gedacht hat.

Arbeitsblatt für den Coach

Schreiben Sie Eigenschaften auf dieses Blatt, von denen Sie glauben und überzeugt sind, darin besondere Stärken zu haben.

Schreiben Sie sie groß und mit Freude. Diese Eigenschaften werden Ihnen als Coach helfen, Ihren Mitarbeitern Erfolg zu bringen, wenn Sie sie benutzen.

Meine besonderen Stärken und Eigenschaften:

-
-
-

Schwächen und Eigenschaften, auf die ich achten muss:

-
-
-

3. Das Profil des Coach

Arbeitsblatt für den Mitarbeiter

Schreiben Sie auf dieses Blatt die Eigenschaften, die Ihnen bei Ihrem Coach auffallen.

Schreiben Sie sachlich und fair die Eigenschaften auf, die Sie positiv beurteilen, aber auch die, die zu entwickeln sind.

Die besonderen Stärken und Eigenschaften meines Coach:

- _____
- _____
- _____

Eigenschaften und Schwächen, an denen mein Coach an sich arbeiten sollte, damit er mir helfen kann:

- _____
- _____
- _____

Arbeitsblatt für den Mitarbeiter

In welchen Bereichen kann mich mein Coach unterstützen?

Schreiben Sie auf dieses Blatt die Bereiche Ihrer Tätigkeiten und Handlungen auf, von denen Sie glauben, Hilfe Ihres Coach zu benötigen.

Seien Sie objektiv in Ihrer Betrachtungsweise und öffnen Sie sich gedanklich Ihrem Coach.

Unterstützung benötige ich in folgenden Bereichen:

- _____
- _____
- _____

Training-on-the-job hilft mir bei folgenden Aufgaben:

- _____
- _____
- _____

Kommentar:
Weitere Bausteine zum Thema Training-on-the-job finden Sie in Kapitel 5 *(siehe Seite 163 ff.)*.

3. Das Profil des Coach

3.3. Das Persönlichkeitsprofil

Lernziel:
Selbsteinschätzung der eigenen Eigenschaften/Motive.

Vorlagen für den Coach

Teilen Sie folgende Vorlage aus und lassen Sie Ihre Teilnehmer eine Einschätzung über ihr Profil vornehmen. Auch hierfür sind Fremdeinschätzungen sinnvoll.

Mein Persönlichkeitsprofil

Wer bin ich? Wie bin ich? Wie wirke ich auf andere?
Geben Sie sich bei jeder Eigenschaft eine Bewertung zwischen 0 und 4.

0 = so bin ich niemals
1 = so bin ich selten
2 = so bin ich manchmal
3 = so bin ich häufig
4 = so bin ich immer

	0	1	2	3	4
Sachlich-nüchtern					
Selbstbewusst					
Tatkräftig					
Entschlossen					
Temperamentvoll					
Anpassungsfähig					
Beherrscht					
Zuverlässig					
Aufgeschlossen					
Schlagfertig					
Kreativ					
Intelligent					
Begeisterungsfähig					
Vielseitig					

Der eigene Antrieb
Teilen Sie folgende Vorlage aus und lassen Sie Ihre Teilnehmer eine Einschätzung über ihre Motive vornehmen.

Warum mache ich meinen Job? Was will ich selbst?		
	ja	nein
• Anerkennung		
• Sicherheit		
• Meine persönlichen Wünsche erfüllen		
• Meine Familie ordentlich versorgen		
• Freude und Spaß an der Arbeit		
• Gesteckte Ziele erreichen		
• Persönliche Gesundheit und etwas Glück		
• Gemeinsam mit anderen Menschen Aufgaben bewältigen		
• Auf anspruchsvolle Weise Geld verdienen		
• Mich immer aufs Neue bestätigen		
• Verantwortung tragen		
• Persönliche Befriedigung		
• Erfolg – Prestige		
• Persönliches Fortkommen		
• Motiviertes Team formen		

3. Das Profil des Coach

3.4. Fragebogen zur Überprüfung des Coaching

Lernziel:
Selbstanalyse und Rückkoppelung der Effektivität des Coaching.

Vorlagen für den Coach

Um eine Überprüfung des Coaching, eine Selbstanalyse und eine Rückkoppelung zu haben, die Effektivität messen zu können, kann nachfolgender Fragebogen genutzt werden.

1. Die Führungskraft kann diesen Fragebogen ebenso gut selbst nutzen und ihn beantworten. Sie beantwortet ihn so, wie sie glaubt, dass es ihre Mitarbeiter machen könnten.

2. Wenn mindestens zwei bis vier Mitarbeiter bereit sind, den Bogen zu beantworten, kann dieser an die Mitarbeiter verteilt werden.

3. Im Vergleich zu seiner eigenen Beantwortung und der Beantwortung durch ihre Mitarbeiter erhält die Führungskraft für alle Punkte verwertbare Informationen.

4. Ist eine Befragung der Mitarbeiter nicht möglich, dient die eigene sorgfältige Beantwortung als Hilfe.

5. Um alle Möglichkeiten genau zu betrachten, ist es sinnvoll, die einzelnen Punkte der Beantwortung mehrmals sorgfältig zu erarbeiten.

Fragebogen zur Überprüfung des Coaching

1. Wenn Ihnen Aufgaben übertragen werden, wie sehr ist es Ihrer Führungskraft bewusst, welche Resultate erzielt werden?
   a) fast nie
   b) nur manchmal
   c) meistens
   d) immer

2. Was glauben Sie: Wie realistisch schätzt Ihre Führungskraft Sie und Ihre Fähigkeiten ein, dass Sie die beabsichtigten Erfolge tatsächlich erzielen?
   a) unrealistisch
   b) kaum annehmbar
   c) im Großen und Ganzen akzeptabel
   d) völlig realistisch

3. Glauben Sie, dass Ihre Führungskraft Sie oft genug bei der Umsetzung Ihrer Aufgaben beobachtet hat, um Ihre Handhabung realistisch einschätzen zu können?
   a) beobachtet mich nie
   b) sieht mich kaum
   c) sieht mich häufig
   d) oft genug, um eine objektive Beurteilung abgeben zu können

4. Wenn Ihnen Schwierigkeiten oder Grenzen begegnen, die Sie an der Erfüllung Ihrer Aufgaben hindern, hilft Ihnen Ihr Manager und zeigt er Auswege?
   a) selten
   b) gelegentlich
   c) in der Regel
   d) fast immer

5. Gibt Ihnen Ihr Manager ein ins Detail gehendes und offenes Feedback bei der Umsetzung Ihrer Aufgaben?
   a) erhalte fast nie Feedback
   b) das Feedback ist allgemein gehalten, und es fehlt an Offenheit
   c) gelegentlich ins Detail gehend und offen
   d) immer ins Detail gehend und offen

3. Das Profil des Coach

6. Wenn Ihnen Ihre Führungskraft ein Feedback gibt, das Ihre Verantwortlichkeiten betrifft, ist er für Ihre Ansichten und Überlegungen aufnahmefähig?
   a) gar nicht interessiert
   b) gelegentlich interessiert
   c) in der Regel interessiert
   d) immer interessiert

7. Wie oft zeigt oder erklärt Ihnen Ihr Manager eine gewünschte Handlung oder arrangiert er eine Unterstützung durch andere Personen, wenn Sie auf einem speziellen Arbeitsgebiet Hilfe und Unterstützung benötigen?
   a) selten
   b) ab und zu
   c) häufig
   d) fast immer

8. Wie oft beobachtet Ihr Manager Ihren Versuch, eine Änderung zu vollziehen? Nachdem Sie Vorschläge für eine Verbesserung gemacht haben, eine Änderung zu vollziehen, beobachtet Sie Ihr Manager ausreichend oft?
   a) selten
   b) ab und zu
   c) häufig
   d) fast immer

9. Erhalten Sie von Ihrer Führungskraft während des Arbeitsprozesses Anerkennung, Motivation und Ermutigung?
   a) selten
   b) manchmal
   c) häufig
   d) fast immer

10. Spricht Ihr Manager mit Ihnen über Möglichkeiten, wie Sie sich in Ihrer augenblicklichen Position selbst effektiver einsetzen können?
    a) nein
    b) ja – in Andeutungen
    c) ja – detaillierter
    d) ja – sehr ausführlich

Resultate

Nach Verwendung der Überprüfungsfragen haben Sie mit den folgenden Hinweisen die Möglichkeit, den behandelten Stoff zu diesen Hinweisen (1 – 10) in Bezug zu setzen.

Beachten Sie, dass jede Frage in einem Verhältnis zu einem der gerade diskutierten Abschnitte, Prozesse und Bedingungen steht.

Frage	bezugnehmend auf
1.	Verständnis der erwünschten Resultate
2.	Realistische Erwartungen
3.	Beobachtungen
4.	Feedback
5.	Feedback
6.	Zuhören
7.	Unterstützung
8.	Beobachten/Feedback
9.	Feedback/Bewusstmachung
10.	Analyse/zugeschnitten auf den einzelnen

Kommentar:
Die Führungskraft sollte die eigenen Aussagen und die von den Mitarbeitern gegebenen Antworten überprüfen oder vergleichen. Unterschiedliche Auffassungen helfen den Coaching-Prozess zu verbessern, um den Mitarbeitern effektiv unterstützen zu können.

4. Die Anwendung des SNA-Stärkenprofils

Erreichbare Trainingsziele

- Einführung in die Anwendung des SNA-Stärkenprofils.
- Ermittlung des eigenen Stärkenprofils.
- Behandlung der Merkmale, die die typischen Verhaltensstile aufweisen.
- Kennenlernen der Eignungen, die die Verhaltensstile mit sich bringen.
- Vertiefung der Kenntnisse über die Verhaltensstile.
- Maßnahmen kennen lernen, die eigenen Stärken erfolgreich anzuwenden und auszubauen.

Trainer-Tools

- Vortrag mit Präsentationsvorlagen (Overhead, PowerPoint)
- Selbsttest mit Auswertungsbogen
- Arbeitsaufgaben
- Arbeitsblätter

4. Die Anwendung des SNA-Stärkenprofils

4.1. Einführung 131

4.2. Der SNA-Selbsttest 133

4.3. Stil-Beschreibungen 142

4.4. Stil-Bewertungen 144

4.5. Stil-Zuordnung 147

4.6. Stärken nutzen und ausbauen 150

4. SNA-Stärkenprofil

4.1. Einführung

Lernziel:
Einführung in die Anwendung des SNA (Stärken nutzen und ausbauen)-Stärkenprofils.

Vortrag

Zeitbedarf:
5 Minuten

Visualisierungshilfe:

> **Wer Menschenkenntnis besitzt, ist gut.**
>
> **Wer Selbsterkenntnis besitzt, ist erleuchtet.**
>
> (Chinesische Weisheit)

Wer Menschen führen und coachen will, muss Menschen kennen. Das setzt Erfahrung und Wissen über menschliches Verhalten voraus. Beides kann man erwerben. Wirklich verstehen und somit Menschen wirklich führen und coachen kann jedoch nur, wer sich selbst kennt.

Selbsterkenntnis ist die Voraussetzung dafür, dass man die eigenen Stärken gezielt einsetzt. Sie bewirkt ebenfalls, dass man die Handlungen seiner Mitarbeiter (und „Mitmenschen") besser erkennen und steuern kann.

Fast jeder Mensch löst Aufgaben und Probleme mit den Mitteln, die ihm nach seiner augenblicklichen Meinung zur Verfügung stehen. Sehr selten sucht man in Problemsituationen wirklich neue Wege, da es sicherer erscheint, bekannte und erprobte Lösungen anzuwenden, als neue unbekannte Wege zu versuchen. Nicht ohne Grund. Jeder Mensch weist bestimmte Verhaltensstile auf. Sie beruhen auf seinem individuellen Erfahrungswissen: Bestimmtes Verhalten hat sich in der Vergangenheit bereits bewährt.

Es lassen sich vier Grundstile unterscheiden, die charakteristisch sind für bestimmtes Verhalten: Man verhält sich grundsätzlich eher fördernd, fordernd, analytisch oder intuitiv. Eine Kombination dieser Stile machen den bevorzugten Führungs- oder Coaching-Stil einer Person aus.

Kommentar:
Kurzvortrag zur Erläuterung, warum das Stärkenprofil ermittelt werden sollte. Warum und auf welche Weise Stärken gefördert werden, ist in Kapitel 4.6. *(siehe Seite 150 ff.)* näher behandelt.

4.2. Der SNA-Selbsttest

Lernziel:
Ermittlung des eigenen Stärkenprofils.

*Als geleitete Übung
(30 Minuten)*

*oder als Vorlage für
den Coach*

Vortragstext:
Dieses Stärkenprofil wird Ihnen helfen, Ihre starken Seiten noch klarer zu erkennen und weniger erfolgreiche Verhaltensweisen bei anderen und sich selbst gezielt abzubauen.

Die vor Ihnen liegende Bewertung ist kein Test im Sinne von gut oder schlecht. Die aufgeführten Eigenschaften sind in jeder Weise völlig normal, weil sie eben „menschlich" sind. Jeder gesunde Mensch zeigt sie in den verschiedensten Kombinationen.

Führen heißt somit: Eigene „Erfolgsbringer" nutzen, die „Erfolgsbringer" anderer erkennen und fördern.

Vorgehensweise:
Bitte bewerten Sie die nachfolgenden Aussagen jeweils mit den Zahlen 1 bis 4.

- 4 steht dabei für die Wertung: „Trifft am meisten zu."
- 1 steht dabei für die Wertung: „Trifft am wenigsten zu."

Auswertung:
Die Stärkenprofile der Blätter 1-3 behandeln den Zustand in der Normalsituation (also im unbelasteten Zustand), die Stärkenprofile der Blätter 4-6 behandeln den Zustand in Stresssituationen (nach Überschreitung der Belastungsgrenze).

Die Auswertung auf dem sich anschließenden Auswertungsbogen wird folgendermaßen durchgeführt:

Zu jeder Frage werden vier Antworten unterschiedlich gewichtet (zwischen dem Wert 1 und dem Wert 4, s.o.). Sie legen jetzt die Frageblätter nacheinander neben den Auswertungsbogen und übertragen die gewichteten Antworten an die jeweils vorgegebene Stelle.

Das führt dazu, dass in jedem Feld des Auswertungsbogens jeweils drei Werte enthalten sind (etwa im ersten Feld oben links sind die Werte aus 1.1, aus 4.1 und aus 7.1). Addieren Sie nach dem Übertragen alle Werte der untereinander stehenden Felder und tragen sie die Gesamtsumme in das unterste Feld ein.

In der linken Spalte werden nun alle Antworten der Fragen 1-9 (Normalsituation) stehen, in der rechten Spalte dagegen die Antworten der Fragen 10-18 (Verhalten in der Stresssituation).

Die Summe der Felder ergibt Ihren Schwerpunkt. Der Bereich mit der stärksten Ausprägung ist Ihr Hauptstil. Er sagt aus, ob Sie sich vom Typ tendenziell eher fördernd (FÖ), fordernd (FO), analytisch (AN) oder intuitiv (IN) verhalten.

Kommentar:
Das Ergebnis des Tests zeigt Ihren Teilnehmern, welchen Stil diese bevorzugen. Nicht alle einzelnen Beschreibungen müssen auf den eigenen Stil passen. Die Beschreibungen zeigen jedoch auf alle Fälle die Tendenz ihres Verhaltens.

Sich dieses Verhaltens bewusst zu machen, ist die Aufgabe eines jeden Coach.

Empfehlen Sie Ihren Teilnehmern, sich vor jedem Coaching wiederholt bewusst zu machen, wo ihre Neigungen und Fähigkeiten als Führungskraft und Coach liegen. Ermutigen Sie Ihre Teilnehmer auch, Einschätzungen über sich von anderen Personen ihres Vertrauens einzuholen. Inwieweit stimmen deren Aussagen mit dem Selbstbild überein?

Ermutigen Sie die Teilnehmer außerdem, den Test von ihren Mitarbeitern durchführen zu lassen, um ein Gruppenbild zu erhalten. Auf diese Weise ergeben sich interessante Hinweise über das Gruppenprofil.

4. SNA-Stärkenprofil

Stärkenprofil Blatt 1

1. **Am zufriedensten bin ich mit mir selbst, wenn ich ...**

   1.1. eine Sache optimistisch und mit Idealismus tun kann.

   1.2. die Führung übernehme und Dinge und Menschen beeinflusse.

   1.3. meinen eigenen Plänen nachgehe und andere mich dabei nicht stören.

   1.4. gut mit anderen zurecht komme, weil wir zueinander passen.

2. **Anderen gegenüber bin ich meistens ...**

   2.1. höflich, respektvoll. Ich begegne ihnen sehr freundlich.

   2.2. selbstbewusst und aktiv. Ich ergreife rasch die Initiative.

   2.3. umsichtig, eher etwas zurückhaltend. Ein ruhender Pol.

   2.4. gesellig und freundlich. Ich weiß, was andere mögen und gehe auf sie ein.

3. **Ich gebe anderen das Gefühl, dass ...**

   3.1. ich sie anerkenne. Dass ich ihnen Freiheit lasse und sie gut finde.

   3.2. ich ein guter und tatkräftiger Partner bin. Dass ich auf sie Rücksicht nehme, wenn es nötig ist.

   3.3. ich sie gerecht behandle.

   3.4. ich sehr angenehm und vertrauenswürdig bin. Dass sie mich gerne um sich haben möchten.

Stärkenprofil Blatt 2

4. Wenn ich andere Leute für mich gewinnen will, bin ich ...

4.1. bescheiden, offen, idealistisch.

4.2. überzeugend, aktiv.

4.3. geduldig, sachlich und praktisch.

4.4. unterhaltsam, fröhlich, lebendig.

5. Am liebsten bin ich anderen gegenüber ...

5.1. vertrauensvoll, hilfreich, verständnisvoll.

5.2. dynamisch. Entwickle Ideen und lasse sie ausführen.

5.3. praktisch und logisch. Achte darauf, mit wem ich es zu tun habe.

5.4. einfühlend. Achte darauf, so zu sein, wie sie es erwarten.

6. Ich möchte, dass andere mich sehen als ...

6.1. einen vertrauensvollen, loyalen Freund.

6.2. jemand, der Ideen aufgreift und sie durchsetzt.

6.3. jemand, der praktisch und logisch denkt und selbstständig handelt.

6.4. wichtige und hervorragende Persönlichkeit.

Stärkenprofil Blatt 3

7. Ich glaube, der beste Weg voranzukommen ist ...

7.1. sich ehrenwert zu verhalten und darauf zu bauen, dass dies von der richtigen Stelle anerkannt wird.

7.2. zu arbeiten, um ein Recht auf Anerkennung zu bekommen und dieses dann zu fordern.

7.3. einmal Erreichtes zu bewahren und darauf aufzubauen.

7.4. eine gewinnende Persönlichkeit zu haben und dadurch andere anzuziehen.

8. Wenn ich mit schwierigen Menschen arbeiten muss ...

8.1. finde ich heraus, wie andere mit der Person umgehen und folge deren Rat.

8.2. messe ich meine Kraft mit demjenigen und überrunde ihn, so gut ich kann.

8.3. entscheide ich für mich selbst, wie ich mich verhalten will und bleibe bei meiner Überzeugung.

8.4. stelle ich mich auf den anderen ein und versuche, unser Verhältnis zu verbessern.

9. Auf andere Leute wirke ich ...

9.1. vertrauensvoll. Gute Ideen und Ratschläge gerne annehmend.

9.2. selbstbewusst und antreibend, wenn es darum geht, andere zum Handeln zu bewegen.

9.3. ernsthaft und sorgfältig, wenn es um die Belange anderer geht.

9.4. begeisterungsfähig und sympathisch. Mit fast allen Leuten gut auskommend.

Stärkenprofil Blatt 4

10. Bei Meinungsverschiedenheiten gewinne ich am meisten ...

10.1. wenn ich dem Gerechtigkeitssinn des anderen vertraue.

10.2. wenn ich den anderen ausmanövriere und ihn überwinde.

10.3. wenn ich Haltung bewahre und meine Meinung standhaft vertrete.

10.4. wenn ich beweglich bin und mich auf den anderen einstelle.

11. Im Umgang mit anderen bin ich unter Umständen ...

11.1. zu vertrauensvoll. Gebe mein Vertrauen auch mal jemandem, der es nicht unbedingt sucht.

11.2. zu angreiferisch. Benutze den anderen, bevor ich mir über seine Wünsche viel Gedanken gemacht habe.

11.3. zu misstrauisch. Zurückhaltend und sehr reserviert.

11.4. zu freundlich. Geselle mich zu anderen, auch wenn sie mich nicht unbedingt einladen.

12. Andere empfinden mich unter Umständen ...

12.1. als etwas naiv, ohne viel Selbstvertrauen und Energie.

12.2. als einen harten Verhandler, der immer versucht, egoistisch zu gewinnen.

12.3. als einen sturen und sehr gefühllosen Menschen.

12.4. als wankelmütig, selten einen eigenen Standpunkt vertretend.

4. SNA-Stärkenprofil

Stärkenprofil Blatt 5

13. Wenn ich von jemandem nicht bekomme, was ich will ...

13.1. gebe ich ziemlich rasch auf. Der andere hat sicher seine Gründe. ☐

13.2. mache ich mein Recht geltend und versuche, den anderen zu überreden. ☐

13.3. macht mir das nicht viel aus. Ich finde einen anderen, der mir gibt, was ich will. ☐

13.4. lache ich darüber und nehme das nicht so ernst. ☐

14. Bei einer drohenden Niederlage ...

14.1. suche ich Freunde und Verbündete, die mir helfen können. ☐

14.2. kämpfe ich so hart ich kann und nehme mir, was mir zusteht. ☐

14.3. schütze ich, was ich habe und beobachte erst einmal, was die anderen tun. ☐

14.4. lasse ich mir nichts anmerken und stelle mich so positiv dar, wie es eben geht. ☐

15. Könnte sein, dass man mich manchmal empfindet als ...

15.1. unterwürfig und leicht beeinflussbar. ☐

15.2. aggressiv und beherrschend. ☐

15.3. gefühllos und stur. ☐

15.4. oberflächlich und Aufmerksamkeit suchend. ☐

© managerSeminare – Praxishandbuch Trainingskonzept

Stärkenprofil Blatt 6

16. Ich glaube, dass es letztendlich besser ist ...

16.1. eine Niederlage zu akzeptieren und sein Glück woanders zu suchen.

16.2. mit allen Mitteln zu kämpfen, statt aufzugeben und gar nichts zu erreichen.

16.3. vorsichtig und besitzstandswahrend zu sein, statt das aufzugeben, was man hat.

16.4. kompromissbereit zu sein und im Notfall erst einmal anderen zuzustimmen.

17. Möglicherweise bin ich manchmal ...

17.1. leicht beeinflussbar und unsicher.

17.2. aggressiv, besitzergreifend, eingebildet.

17.3. ungläubig, gefühllos, kritisch.

17.4. kindisch und in den Vordergrund drängend.

18. Manchmal bringe ich andere dazu, mir gegenüber ...

18.1. überlegen und herablassend zu sein.

18.2. ärgerlich zu sein, weil sie sich überrumpelt und hintergangen fühlen.

18.3. distanziert und gefühllos zu sein.

18.4. misstrauisch und ungläubig zu sein.

4. SNA-Stärkenprofil

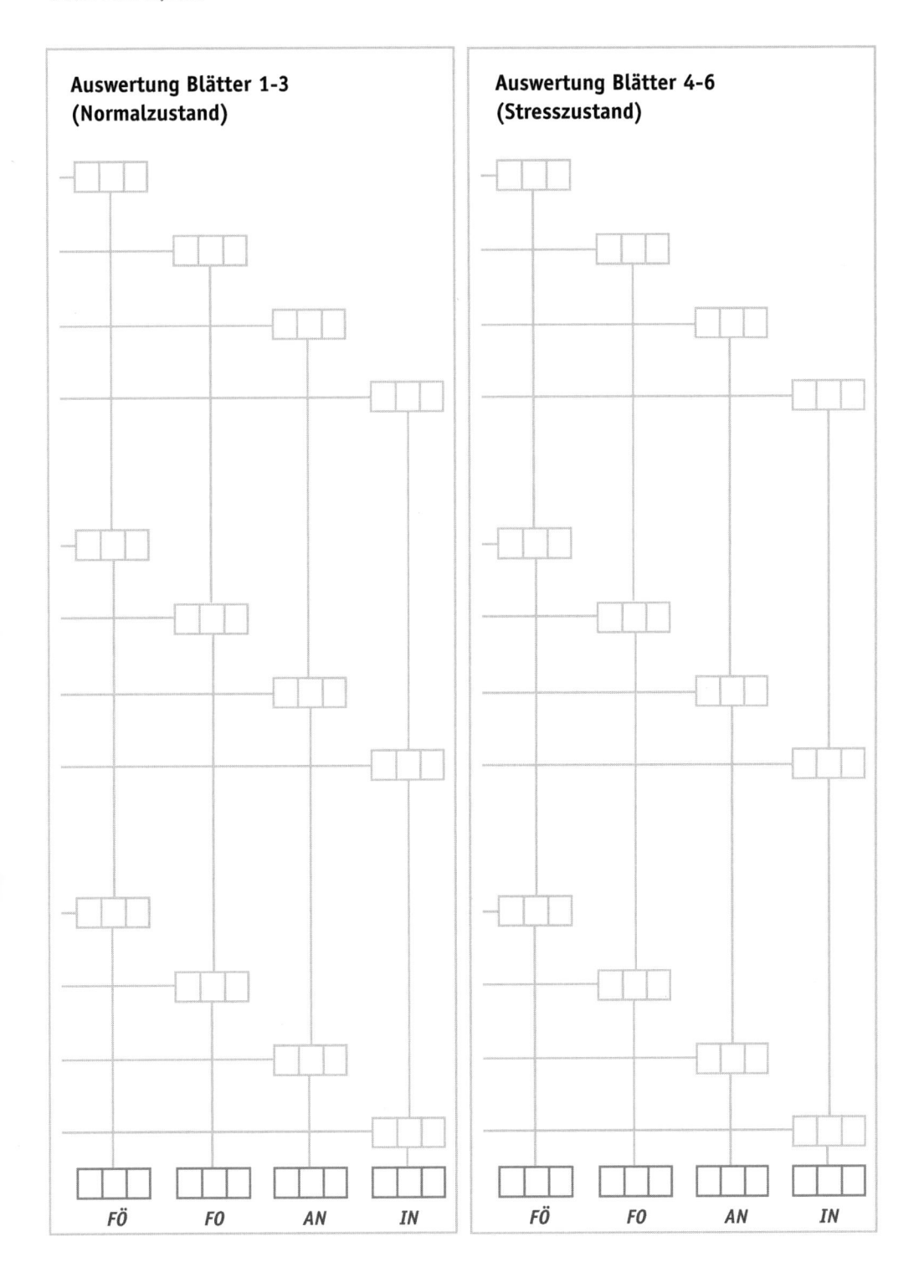

**Auswertung Blätter 1-3
(Normalzustand)**

**Auswertung Blätter 4-6
(Stresszustand)**

| FÖ | FO | AN | IN |

4.3. Stil-Beschreibungen

Lernziel:
Hinweise liefern, welche Merkmale die vier grundlegenden Verhaltensstile aufweisen können.

Auswertung des Selbsttest

Als Vortrag oder in Form einer Diskussion

Erarbeiten Sie mit Ihren Teilnehmern die Ausprägungen der Stile. Die vier Hauptstile **im Normalzustand** (bei normaler Belastung):

Zeitbedarf: 20 Minuten

Fördernd *(FÖ)*

- Vertraut anderen
- Offen, geht auf andere ein
- Strebt nach hohen Idealen
- Treu und loyal
- Hat hohe Ziele
- Ist aufgeschlossen
- Arbeitet gerne im Team
- Ist hilfsbereit

Fordernd *(FO)*

- Kämpferisch, fordernd
- Sucht den Erfolg
- Ist beweglich, dynamisch
- Handelt schnell
- Zeigt Selbstbewusstsein
- Ist überzeugungsstark
- Liebt den Wettkampf
- Sucht die Veränderung
- Ist risikobereit
- Ist energisch, voller Kraft

Analytisch *(AN)*

- Geht mit Methode vor
- Ist sehr genau
- Handelt vorsichtig und überlegt
- Plant sorgfältig
- Ist praktisch, greift zu
- Macht das Beste daraus
- Ist standfest
- Ist sachlich
- Ist logisch, analysiert
- Ist gründlich

Intuitiv *(IN)*

- Ist anpassungsfähig
- Ist beweglich, aktiv
- Sehr enthusiastisch
- Taktvoll und höflich
- Gewinnendes Auftreten
- Hat Charme
- Ist einfühlsam
- Liebt Experimente
- Verhandelt geschickt
- Begeistert andere
- Neuen Dingen zugänglich

4. SNA-Stärkenprofil

Die vier Hauptstile **im Stresszustand** (nach Überschreitung der Belastungsgrenze):

Fördernd *(FÖ)*

- Kritiklos, selbstaufgebend
- Weich, beeinflussbar
- Versteigt sich in Schwärmerei
- Untertänig, hörig
- Überschätzt seine Möglichkeiten
- Sprunghaft, will zu viel
- Passiv, unsicher
- Gönnerhaft, überheblich

Fordernd *(FO)*

- Streitsüchtig
- Rücksichtslos, ohne Skrupel
- Hektisch, unkonzentriert
- Planlos, flüchtig
- Arrogant, verachtend
- Unterdrückt andere
- Geht zu hohe Risiken ein
- Autoritär, vertraut keinem
- Sprunghaft
- Setzt auf „alles oder nichts"
- Explodiert, Argumenten unzugänglich

Analytisch *(AN)*

- Eigensinnig
- Verliert sich in Einzelheiten
- Ängstlich, trifft keine Entscheidung
- Unbeweglich, starr
- Verliert die Übersicht, einspurig
- Unkreativ, resignierend
- Kann nicht nachgeben
- Stur, kleinlich
- Geht nicht von Daten und Fakten ab
- Umständlich, langsam

Intuitiv *(IN)*

- Unaufrichtig
- Keine eigene Meinung
- Scheintätigkeiten ohne Sinn
- Oberflächlich, nicht gründlich
- Dienerisch, schmeichelnd
- Schauspieler, Angeber
- Aufdringlich
- Schwankend, ziellos
- Manipuliert, täuscht
- Unsachlich, nutzt Gefühle aus
- Instabil, keine klare Linie

4.4. Stil-Bewertungen

Als Vortrag mit anschließender Diskussion

Zeitbedarf: 30 Minuten

Lernziel:
Hinweise liefern, welche Eignungen die vier grundlegenden Verhaltensstile aufweisen können.

Beim Feststellen des eigenen Stils entsteht häufig die Frage: „Welcher Stil ist denn der beste?"

Dies ist jedoch die falsche Frage: Jeder ist gut – aber jeder kann auch falsch sein. Es kommt auf die Art der Aufgabe an, die zu lösen ist, und es kommt auf den Stil der Personen an, mit denen diese Aufgabe gelöst werden soll.

Die richtige Frage lautet somit:
„Passt mein Stil, passen meine Stärken zu meinen wichtigsten Aufgaben?"

Erarbeiten Sie mit Ihren Teilnehmern die Eignungen aber auch die typischen Schwächen der vier Grundstile. Klären Sie ab, dass die Ausprägungen stets Momentaufnahmen darstellen, schließlich kann sich jeder weiterentwickeln.

1. Fördernd – stützend

- Gut geeignet für Aufgaben, die von den anderen hohe Eigeninitiative erfordern.
- Er fördert Kreativität, Bereitschaft zum Risiko und zur Übernahme von Verantwortung.

- Wenig geeignet für Aufgaben, die schnelles Handeln oder sehr zielgerichtetes, evtl. hartes Vorgehen erfordern.

Personen, die besonders auf diesen Stil ansprechen, sind:
- sehr beweglich,
- vielseitig,
- immer auf der Suche nach dem Neuen,
- wollen sich selbst verbessern,
- sind bereit, im Team zu arbeiten.

2. Fordernd – drängend

- Gut geeignet für Aufgaben, die schnellen und harten Einsatz erfordern.
- Zur Überwindung plötzlich auftretender Probleme und Notsituationen, bei der Einführung und Durchsetzung neuer Ideen und organisatorischen Änderungen.
- Wenig geeignet für Aufgaben, die Kooperation, Kreativität und Beharrlichkeit fordern.

Personen, die besonders auf diesen Stil ansprechen, sind:
- ziemlich stark auf Sicherheit orientiert,
- durchschnittlich beweglich, eher konservativ,
- norm- und regelbewusst.

3. Analytisch – bewahrend

- Gut geeignet für Aufgaben, die komplexe Entscheidungen verlangen sowie analytisches Abwägen verschiedener Informationen.
- Dort, wo genaues Arbeiten auch unter schwierigen Bedingungen erforderlich ist.
- Wenig geeignet für Aufgaben, die Impulsivität und Beweglichkeit fordern.

Personen, die besonders auf diesen Stil ansprechen, sind:
- eher ruhig,
- sachlich,
- wenig eigeninitiativ,
- ausgeprägt sicherheitsbedürftig.

4. Intuitiv – eingehend

- Gut geeignet für Aufgaben, die gefühlsmäßiges Eingehen auf andere erfordern.
- Wenn persönliche „Ausstrahlung" wichtiger ist als sachliche Argumentation.

- Wenig geeignet für Aufgaben, die hohe Sachlichkeit sowie Beharrungsvermögen oder Planung erfordern.

Personen, die besonders auf diesen Stil ansprechen, sind:
- unsicher,
- aus einer „Verteidigungshaltung" heraus sehr sicher wirkend.
- Dieser Stil wird von den meisten Menschen als „angenehm" empfunden.

Kommentar:
Die Kenntnis über das eigene Profil mit allen verbundenen Stärken und Schwächen ist notwendig zur besseren Bewältigung des Rollenkonflikts, in dem eine coachende Führungskraft automatisch steckt. Zum einen übernimmt die Person die Rolle des Coach, ist hierbei mehr Förderer und Begleiter. Zum anderen bleibt er in der Rolle des Vorgesetzten mit Weisungsbefugnis, anderen Rechten und anderem Status als seine Mitarbeiter.

4.5. Stil-Zuordnung

Arbeitsaufgaben und Diskussion

Lernziel:
Kenntnisse über Verhaltensstile vertiefen.

Übung: Lassen Sie Ihre Teilnehmer folgende Aussagen zuordnen und diskutieren Sie im Plenum die Ergebnisse.

Zeitbedarf:
30 Minuten

Zu welchem der vier Stile gehören die einzelnen Aussagen?

	FÖ	FO	AN	IN
1. Vertraut anderen, sieht in ihnen immer nur das Gute.				
2. Ist draufgängerisch – kämpferisch.				
3. Legt großen Wert auf methodisches Handeln.				
4. Ist flexibel – beweglich.				
5. Geht rasch auf Anstöße, Ideen ein.				
6. Stellt Erfolg über alles.				
7. Ist präzise und auf Genauigkeit bedacht.				
8. Ist enthusiastisch – begeisterungsfähig.				
9. Hat hohe Ideale, ist opferbereit.				
10. Handelt rasch und ohne zögern (kurze Denkzeit).				
11. Analysiert und sucht den besten Weg, bevor er handelt.				

	FÖ	FO	AN	IN

12. Ist sehr offenherzig, freimütig, dabei taktvoll.

13. Ist gegenüber der Firma und einzelnen Personen treu und loyal.

14. Zeigt sein starkes Selbstbewusstsein ohne Scheu.

15. Ist sehr sorgfältig und genau.

16. Hat durch sein gewinnendes Auftreten fast nur Freunde.

17. Setzt sich und anderen hohe Standards und Ziele.

18. Ist sehr überzeugungsstark, beeinflusst.

19. Ist praktisch veranlagt, hält nicht viel von theoretischen Modellen.

20. Ist sehr empfänglich und positiv gegenüber den Ideen anderer eingestellt.

21. Ist wettkampforientiert.

22. Beschäftigt sich nicht so sehr mit dem Abstrakten, sondern macht das Beste aus den vorhandenen Mitteln.

23. Hat eine „Antenne" für das, was andere wollen und fühlen, stellt sein Verhalten darauf ein.

24. Ist kooperativ, ein echter „Mannschaftsspieler".

4. SNA-Stärkenprofil

	FÖ	FO	AN	IN
25. Übernimmt deutlich die Führung in allen möglichen Situationen. Seine Arbeit ist dabei sichtbar.				
26. Wirkt häufig reserviert und ist nicht ohne weiteres zu begeistern.				
27. Rampenlicht und Popularität sind ihm wichtig, aber er ist dabei nicht egozentrisch.				
28. Ist hilfsbereit und kooperativ.				
29. Hält gegenüber Vorgesetzten seine Meinung nicht zurück, sondern sagt deutlich, was zu tun ist.				
30. Ist eher etwas ruhig, aber leistet dabei gute und zielgerechte Arbeit.				
31. Ist neuen Ideen schnell und offen zugänglich.				
32. Begeistert und reißt Kollegen und Mitarbeiter mit, die Arbeit anzugehen, die zu tun ist.				

Kommentar:
Die Teilnehmer werden zunehmend vertraut mit den grundlegenden Verhaltensstilen. Dies erleichtert die Selbsteinschätzung, schärft aber auch die Wahrnehmung des Verhaltens anderer.

4.6. Stärken nutzen und ausbauen (SNA)

Vortrag
(15-20 Minuten)

Lernziel:
Fünf Möglichkeiten, die eigenen Stärken erfolgreicher zu nutzen.

anschließend
Arbeitsblätter
verteilen

Es gibt unterschiedliche Möglichkeiten, die identifizierten Stärken zur Bewältigung unternehmerischer Prozesse erfolgreich anzuwenden, auszubauen, mit anderen zu koppeln, oder Schwächen zu mindern. Erarbeiten Sie sich mit den Teilnehmern die unten stehende Tabelle.

Kommentar:
Lassen Sie Ihre Teilnehmer anhand von aktuellen Praxisfällen ausprobieren, welche der vorgestellten Methoden passen können. Verteilen Sie als Hilfestellung eine Auswahl der nachfolgenden Handouts.

Stärken gezielt anwenden	Welche besonderen Aufgaben, Situationen oder Menschen erfordern den Einsatz bestimmer Stärken?
Stärken ausbauen und verstärken	Welche bisher nicht angewandte Stile oder Teile davon können zusätzlichen Erfolg bringen?
Stärken verbinden mit den Stärken anderer	Welcher Stil ergänzt sich mit meinem? Mit wem könnte ich mich verbinden? Welche Aufgaben wären zu lösen?
Eigene Stärken zurückhalten; auf andere zugehen	Bei wem führen meine Stärken zu Konflikten? Wie können wir unsere beiderseitigen Stärken ausbalancieren?
Übertreibungen zurücknehmen oder steuern	Wodurch werden meine Übertreibungen ausgelöst? Was kann ich tun, um sie zu verhindern?

4. SNA-Stärkenprofil

Stärken gezielter anwenden

Bitte übertragen Sie aus der Auswertung Ihren Haupt- und Nebenstil.

Mein **Hauptstil** ist: _____

Mein **Nebenstil** ist: _____

Welches sind meine produktivsten Stärken:

Hauptstil

1. _____

2. _____

3. _____

Nebenstil

1. _____

2. _____

3. _____

Stellen Sie fest, ob Ihre Einschätzung mit dem Bild übereinstimmt, das andere von Ihnen haben.

Besprechen Sie mit verschiedenen Personen das „Bild" Ihrer Stärken (Vorgesetzte, Kollegen, Mitarbeiter, Partner).

Erstellen Sie danach Ihr Stärken-Profil.

Stärken gezielter anwenden

Übertragen Sie Ihre Stärken aus der Auswertung nach ihrer Rangfolge.

Vergleichen Sie mit den entsprechenden Personen, ob diese mit Ihrer Selbsteinschätzung übereinstimmen.

Meine Stärken	Freunde	Kollegen	Mitarbeiter	Vorgesetzte
Hauptstil				
1.				
2.				
3.				
4.				
Nebenstil				
1.				
2.				
3.				
Andere Stärken				
1.				
2.				

4. SNA-Stärkenprofil

Stärken gezielter anwenden

Erstellen Sie eine Übersicht Ihrer Schlüsselbereichsaufgaben.

Tragen Sie ein, welche Ihrer Stärken die einzelnen Aufgaben besonders fordern.

Überlegen Sie, welche der Aufgaben Sie noch erfolgreichen lösen könnten, indem Sie die dazu benötigte Stärke gezielter einsetzen.

Aufgaben	erforderte Stärke	wie gezielter einsetzen?

Stärken ausbauen und verstärken

Welchen Stil bevorzugen Sie am wenigsten?

_____

_____

Welche positiven Elemente enthält dieser Stil und wäre für Sie nützlich?

1. _____

2. _____

3. _____

4. _____

In welchen Situationen könnten Sie diese Elemente anwenden? Füllen Sie den Plan aus und kontrollieren Sie in den nächsten Wochen Ihren Erfolg.

Stärke	Anwenden auf wen?	Kontrolle

4. SNA-Stärkenprofil

Eigene Stärken mit den Stärken anderer verbinden

Überlegen Sie, welchen Stil und welche besonderen Stärken Kollegen und Mitarbeiter in Ihrer Umgebung haben.

Verwenden Sie dazu die Stilbeschreibungen und führen Sie nur die Positiv-Elemente auf.

Herr/Frau: _____

Stilelemente, gezeigtes Verhalten	Vermutlich vorhandener Stil (Hauptstil, Nebenstil)

Herr/Frau: _____

Stilelemente, gezeigtes Verhalten	Vermutlich vorhandener Stil (Hauptstil, Nebenstil)

Welche dieser Personen könnte für Sie ergänzend wirken?

_____

_____

Eigene Stärken mit den Stärken anderer verbinden

Erstellen Sie eine Liste über die Aufgaben Ihres Arbeitsbereichs. Unterteilen Sie diese nach Schlüsselbereichen.

Welche Aufgaben entsprechen genau Ihrem Stil?

Welche Aufgaben könnten durch andere (Kollegen, Mitarbeiter) sinnvoll ergänzt werden?

Schlüsselbereich/Aufgabe	Mein Stil	Ergänzung

4. SNA-Stärkenprofil

Eigene Stärken mit den Stärken anderer verbinden

Erstellen Sie eine Übersicht:

Welche Art von Aufgaben und Anforderungen sind mit den einzelnen Stilen am besten zu lösen?

Aufgaben	Stil
	FÖ
	FO
	AN
	IN

Eigene und fremde Stärken ausbalancieren

Die eigenen Stärken können zu Konflikten mit anderen Menschen führen, wenn diese einen anderen Stil benutzen, als man selbst. Überlegen Sie, bei welchen für Sie wichtigen Personen oder Mitarbeitern dies der Fall sein könnte.

Person: _____

mein Stil: _____   sein/ihr Stil: _____

Konflikt entsteht durch: _____

_____

meine Stärken   seine/ihre Stärken

1. _____   _____

2. _____   _____

3. _____   _____

Überlegen Sie, wie Sie diesen Konflikt gemeinsam lösen können.

_____

_____

_____

_____

4. SNA-Stärkenprofil

Übertreibungen zurücknehmen und steuern

1. Bitte übertragen Sie aus Ihrer Auswertung Ihren Haupt- und Nebenstil.

   Mein **Hauptstil** ist: _____

   Mein **Nebenstil** ist: _____

   Gibt es auffällige Verschiebungen gegenüber dem Normalstil? Welche Gründe könnte es dafür geben?

   _____

   _____

   _____

   _____

2. Welches sind die für Sie typischen Übertreibungen? Verwenden Sie als Anhaltspunkt die „Stilbeschreibung".

   Hauptstil a) _____

   b) _____

   c) _____

   d) _____

   Nebenstil e) _____

   f) _____

Übertreibungen zurücknehmen und steuern

Überlegen Sie bitte, wodurch die einzelnen Übertreibungen ausgelöst werden (Situationen oder Personen oder beides zusammen).

		Situation (wo, wann?)	Person (wer?)	Löst aus (was?)
Hauptstil	a)			
	b)			
	c)			
	d)			
Nebenstil	e)			
	f)			
Beispiel		Bei neuen Projekten ...	... überfällt mich xy mit immer neuen Detailfragen.	Ich verliere die Übersicht.

5. Training-on-the-job

Erreichbare Trainingsziele

- Kennenlernen des Wesens von Training-on-the-job.
- Behandlung der Training-on-the-job-Methoden.
- Behandlung von Durchführungsalternativen.
- Einzelmaßnahmen behandeln.
- Zusammenfassung der Bedeutung von Training-on-the-job.

Trainer-Tools

- Vortrag
- Präsentationsvorlagen, Listen
- Checkliste

5. Training-on-the-job

5.1. Training-on-the-job vs. Coaching 163

5.2. Die Methoden des Training-on-the-job 166

5.3. Training-on-the-job in der Praxis 168

5.4. Der Arbeitsablauf des Training-on-the-job 169

5.5. Zusammenfassung 170

5. Training-on-the-job

5.1. Training-on-the-job vs. Coaching

Lernziel:
Das Wesen von Training-on-the-job (TOJ) kennenlernen.

Vortrag

Die Experten streiten: Betreibt die Führungskraft als Coach tatsächlich Coaching oder aber Training-on-the-job? TOJ stellt die berufliche Rolle und die damit zusammenhängenden Anliegen des Mitarbeiters in den Mittelpunkt, wogegen Coaching im engeren Sinne als interaktiver, personenzentrierter Beratungsansatz definiert wird, der durchaus auch private Inhalte berücksichtigt.

Zeitbedarf:
15 Minuten

Definition
Mit dem Begriff „Training-on-the-job" wird in engerem Sinne eine Trainingsmaßnahme verbunden, die in der unmittelbaren praktischen Arbeitssituation stattfindet.

In der weiter gefassten Auslegung des Begriffes ist TOJ jede individuelle Trainingsmaßnahme für einen einzelnen Mitarbeiter, die an einem von dem Mitarbeiter selbst in der Praxis erlebten Fall erfolgt und die jeweiligen Rahmen- und Umfeldbedingungen des Mitarbeiters berücksichtigt.

TOJ ist daher eine Führungsaufgabe. Da die Führungskraft dafür sorgen sollte, dass seine Mitarbeiter Erfolg haben, ist gerade das Training in der täglichen praktischen Arbeit eine zentrale Möglichkeit, seiner Führungsaufgabe und -verantwortung gerecht zu werden.

Vor- und Nachteile
Es wäre wirtschaftlich und pädagogisch nicht sinnvoll, jeden Trainingsbedarf durch TOJ zu decken. Es gibt jedoch Situationen, in denen das TOJ die wirkungsvollste Trainingsmethode darstellt.

Typische Defizite traditioneller Seminare und Trainings können bei TOJ weitgehend ausgeschaltet werden, z.B. vermeidet man

- Übungsfälle, die losgelöst von den Umfeldvoraussetzungen des Übenden formuliert werden,
- eine Verfälschung der Trainingssituation durch praxisfremde Rollenspiele.

Vorteile TOJ

- Kenntnis der organisatorischen Gegebenheiten
- Kenntnis möglicher Problem- und Konflikthintergründe
- Insider-Wissen über die Zusammenhänge in der Organisation
- Chance für die Entwicklung einer Lernpartnerschaft
- Räumliche und zeitliche Nähe, die ideale Voraussetzungen für Coaching in fachlichen und inhaltlichen Aspekten bietet

(Quelle: managerSeminare, Supplement zu Heft 75, April 2004)

Nachteile TOJ

- Inhalte sind meist sehr stark auf formale Bereiche ausgerichtet
- Persönliche Probleme werden meist nicht thematisiert
- „Abhängigkeit des Mitarbeiters"
- Probleme mit dem Vorgesetzten können oft nicht offen genug diskutiert werden, auch dann nicht, wenn die Führungskraft ihre Rollen gut voneinander trennen kann
- Erkenntnisse aus der Rolle des Coaches können die Bewertungsfunktion in der Rolle der Führungskraft beeinflussen

Neben der Vermittlung von Fähigkeiten, der Hilfestellung zur Überwindung von Ängsten und Hemmungen ist das TOJ gleichzeitig als Betreuung und Coaching des Mitarbeiters im Rahmen seiner täglichen Aufgabenerfüllung zu sehen. Das Modell der „Führungskraft als Coach" wird daher häufig auch lieber mit dem Begriff TOJ charakterisiert, als mit dem eng gefassten Begriff des Coaching im Sinne eines personenzentrierten Beratungs- und Betreuungsprozesses.

Kommentar:
Gut geeignet vor Behandlung des Coaching-Gesprächsprozesses.

5. Training-on-the-job

In den folgenden Kapiteln werden die Methoden des TOJ sowie des Coaching am Praxisbeispiel eines Kundengesprächs illustriert. Die vorgestellten Abläufe und Methoden lassen sich mit entsprechenden Anpassungen selbstverständlich auf alle anderen denkbaren Situationen bzw. -Anlässe anwenden, bei der die Führungskraft als Coach ihrer Mitarbeiter fungiert.

5.2. Die Methoden des Training-on-the-job

Vortrag
(20-30 Minuten)

Lernziel:
Übliche Methoden des TOJ kennenlernen.

Anschließend
Anwendung der
Formulare
5.3. und 5.4.

Entsprechend seiner Zielsetzung und Definition ist TOJ insbesondere für Situationen geeignet, bei der Führungskraft und Mitarbeiter im Kundenkontakt *gemeinsam* anwesend sind. Bei den weiteren erwähnten TOJ-Methoden erfolgt eine Aufzeichnung/Schilderung des Gesprächs durch den Mitarbeiter, da die Führungskraft beim Gespräch nicht anwesend ist.

Mitarbeiter beobachtet Führungskraft
Bei dieser Methode hat die Führungskraft die eigentliche Verkäufer- und Beraterfunktion, der Mitarbeiter beobachtet nur die Situation, um nachher gemeinsam mit der Führungskraft die Ziele, die für diese Trainingsmaßnahme vereinbart wurden, zu diskutieren.

Diese Trainingsmethode eignet sich hervorragend, um beispielsweise Ängste abzubauen oder Zweifel bezüglich eines bisher noch nicht praktizierten Verhaltens auszuräumen. Es ist aber auch schlicht eine gute Möglichkeit, vom Erfahrungsschatz des anderen zu profitieren.

Führungskraft beobachtet Mitarbeiter
Die Führungskraft begleitet bzw. ist bei dem Kundengespräch, das der Mitarbeiter führt, anwesend. Er beobachtet dabei die vor dem Gespräch vereinbarten Schwerpunkte/Ziele im Hinblick auf deren Umsetzung oder Erreichung.

Mit dieser Trainingsmethode kann insbesondere der Lernerfolg eines Seminars bzw. Gruppentrainings überprüft werden. Ferner ist diese Methode auch geeignet, individuelle, auf die Situation ausgerichtete Fähigkeiten zu vermitteln. Auch zur Ermittlung des Trainingsbedarfs ist diese Methode geeignet.

Tonbandprotokoll

Nicht immer ist es möglich und für den Mitarbeiter zu "verkraften", dass die Führungskraft während des Gesprächs, das der Mitarbeiter führt, zugegen ist.

In diesen Situationen besteht die Möglichkeit, das Beratungsgespräch aufzuzeichnen. Es ist zu empfehlen, dies mit Einverständnis des Kunden zu tun.

Auch mit dieser Methode lassen sich anhand eines praktischen Falles die Stärken und die Weiterentwicklungsmöglichkeiten der Mitarbeiter herausarbeiten. Die Lernziele, die sich jedoch auf das nichtsprachliche Verhalten beziehen, können dabei nicht berücksichtigt werden.

Schriftlicher Gesprächsverlauf

Für gewisse Übungszwecke ist es ausreichend, wenn der Mitarbeiter den Ablauf des Gesprächs sowie wichtige Aussagen und Argumente seinerseits schriftlich fixiert. Diese Methode ist immer dann ausreichend, wenn der Berater von sich aus bestimmte – aus seiner Sicht problematische – Fälle besprechen möchte, um zu erkennen, ob der Mitarbeiter sich in kritischen Situationen richtig verhält oder welche alternativen Verhaltensweisen denkbar wären.

Vor dem Gespräch sind die Schwerpunkte festzulegen, zu denen der Mitarbeiter in der schriftlichen Aufzeichnung Stellung nehmen muss. Damit ist gewährleistet, dass sich der Mitarbeiter auf die eigentlichen Lernziele, die mit der Trainingsmaßnahme verbunden sind, konzentriert.

Strukturiertes Interview

Durch ein strukturiertes Interview kann die Führungskraft überprüfen, ob die vorab mit dem Mitarbeiter vereinbarten Gesprächsziele auch erreicht und durch eine passende Vorgehensweise unterstützt wurden.

5.3. Training-on-the-job in der Praxis

Lernziel:
Durchführungsalternativen kennenlernen.

Methode	Besonders geeignet	Durchführung
Die Führungskraft führt das Gespräch – der Mitarbeiter beobachtet	• Wenn Mitarbeiter bisher keine Erfahrung hat • Bei Hemmungen und Ängsten des Mitarbeiters	• Führungskraft erarbeitet mit Mitarbeiter die Lernziele • Beobachtungsschwerpunkte werden festgelegt • Gemeinsame Analyse des Gesprächsverlaufs und der Gesprächsinhalte
Der Mitarbeiter führt das Gespräch – die Führungskraft beobachtet	• Ermittlung des individuellen Trainingsbedarfs unter Berücksichtigung der Rahmenbedingungen • Fertigung von Inhalten der Gruppentrainings • Abbau von Transferproblemen aus Seminaren	• Führungskraft bereitet den Mitarbeiter auf das Gespräch vor • Trainingsschwerpunkte werden fixiert • Das Gespräch wird mittels vorher erarbeiteter Beurteilungskriterien analysiert
Tonbandprotokoll	• siehe vorherige Seite • nur geeignet, wenn Anwesenheit der Führungskraft nicht möglich ist oder für den Mitarbeiter zu belastend wäre	• siehe vorherige Seite • Die Analyse beschränkt sich jedoch nur auf das Gehörte, nichtsprachliches Verhalten und Rahmenbedingungen können nicht besprochen werden
Schriftlicher Gesprächsverlauf	• Vertiefung der Inhalte des Gruppentrainings	• Vorbereitung auf ein konkretes Gespräch • Strukturierung der Gesprächsaufzeichnung • Diskussion der Gesprächsaufzeichnung
Strukturiertes Interview	• Überprüfung der Anwendung von Seminarinhalten an einem konkreten Praxisfall	• Mitarbeiter wird anhand eines strukturierten Interviewbogens zu einer konkreten Beratungssituation befragt

5.4. Der Arbeitsablauf des TOJ

Lernziel:
Die Einzelmaßnahmen des TOJ kennen lernen.

Phase	Einzelmaßnahme
Vorbereitung des TOJ	• Konkretisierung der Ausgangs- und Problemsituation • Zielsetzung des TOJ festlegen • Methode festlegen • Fixierung der kurz- und mittelfristigen TOJ-Maßnahmen und übrigen Trainingsmaßnahmen • Planung der einzelnen TOJ-Phasen
Vorbereitung des Mitarbeiters auf das TOJ	• Terminvereinbarung mit Zielsetzung und Inhalten des Gesprächs • Übereinstimmung bezüglich der Ausgangssituation • Begründung der TOJ-Maßnahme • Ermittlung des Trainingsbedarfs • Fixierung der Zielsetzung und Übereinstimmung in der Methode • Konkretisierung der Methode im einzelnen • Vereinbarung der Gesprächstermine • Vereinbarung weiterer individueller Vorbereitungen auf das Gespräch
Durchführung des Beratungsgesprächs	• Vorbereitungsmaßnahmen getroffen • Notwendige Beratungsunterlagen zur Hand • Worauf ist im Gespräch besonders zu achten?
Rückmeldung	• Wertfreie Analyse des Gesprächsverlaufs, der Kunden- und Beraterreaktionen • Beurteilung des Gesprächs nach Stärken und Entwicklungsmöglichkeiten • Globale Wertung aus der Sicht des Beraters und des Beobachters • Erarbeitung von Diskrepanzen und Ursachenanalyse • Konkretisierung der Stärken und Schwächen
Konkretisierung der Ergebnisse	• Diskussion alternativer Verhaltensweisen • Erarbeitung konkreter unterstützender Maßnahmen/Empfehlungen zur Erreichung der Verhaltensweisen • Konkretisierung weiteren Trainingsbedarfs • Abstimmung weiterer Trainingsmaßnahmen • Protokollierung der Ergebnisse
Verstärkung	• Dank für Teilnahme am Training • Zusammenfassung der Stärken • Vereinbarung weiterer Termine/Vorgehensweise

5.5. Zusammenfassung

Präsentationsvorlage

Lernziel:
Die Bedeutung des TOJ zusammenfassen.

Training-on-the-job bedeutet:

- Abbau von Barrieren gegenüber Einsatz von Verkaufshilfen im Verkaufsgespräch

- Überwindung von Ängsten, Kunden initiativ anzusprechen oder vor Außendienstbesuchen

- Anwendung einer trainierten Gesprächsstruktur im Kundengespräch

- Überprüfen der richtigen Vorgehensweise in bestimmten/speziellen Gesprächssituationen

- Situativ richtiges Verhalten in schwierigen Gesprächssituationen gewährleisten

- Anwendung von Argumentationstechniken

- Individuelle Trainingsbedarfsermittlung

- Lernerfolgskontrolle nach einem Seminarbesuch

- Festigung von neuen Verhaltensweisen

- Abstimmen von individuellen Verkaufsstrategien auf Rahmen- und Umfeldbedingungen

- Ursachenanalyse von Misserfolgen

6. Der Coaching-Prozess

Erreichbare Trainingsziele

- Vorbereitung auf das Coaching und Vorgespräch behandeln.
- Verhalten während der Beobachtung erarbeiten.
- Vorbereitung und Ablauf eines Coaching-Gesprächs behandeln.
- Inhalte der Nachbereitung erarbeiten.

Trainer-Tools

- Vortrag mit Präsentationsvorlagen (Overhead, PowerPoint)
- Gruppenarbeit mit Diskussion

6. Der Coaching-Prozess

6.1. Die Vorbereitung 173

6.2. Die Beobachtung 175

6.3. Das Coaching-Gespräch 177

6.4. Die Nachbereitung 179

6. Der Coaching-Prozess

6.1. Die Vorbereitung

Lernziel:
Wesen und Inhalte von Vorbereitung und Vorgespräch erarbeiten.

Gruppenarbeit
(15 Minuten)

Die Vorbereitung auf ein Coaching-Gespräch
Die Vorbereitung speist sich zunächst grundsätzlich aus der Analyse der eigenen Coaching-Stärken *(vgl. SNA-Stärkenprofil, Seite 131 ff.)*. Danach soll das Coaching-Gespräch vorbereitet werden, im Sinne des Coaching-Konzeptes: Der Coach führt sich anhand der Dokumentationen des vorangegangenen Gespräches (oder auch mehrerer vorangegangenen Gespräche) vor Augen, welche Ziele vereinbart waren, welche grundlegenden Stärken der betreffende Mitarbeiter aufweist, welche Motive für ihn wichtig sein können, zu welchen Punkten eine Leistungssteigerung erzielt werden soll und wie hoch die Potenzialeinschätzung des Betreffenden aussieht.

Präsentation der Ergebnisse
(5 Minuten/Gruppe)

Zusammenfassung der Ergebnisse durch den Trainer
(10 Minuten)

Visualisierungshilfe:

Worauf ist bei einem Coaching-Gespräch (vor der Coaching-Maßnahme) zu achten?

Was muss mein Partner wissen?

Das Vorgespräch

Die Teilnehmer erarbeiten in Teilgruppen folgende Fragestellungen und präsentieren die Ergebnisse im Plenum:
- Worauf ist bei einem Coaching-Gespräch vor der Coaching-Maßnahme zu achten?
- Was muss mein Coaching-Partner wissen?

Folgende Aspekte sollten mit dem Vorgespräch geklärt sein:
- Allgemeine Befindlichkeiten oder Blockaden
- Erarbeitung eines Coaching-Konzepts
- Festlegung der Coaching-Ziele und -Grundsätze
- Einstimmung des Mitarbeiters auf den Coaching-Prozess
- Vermittlung von Zielsetzungen und Erwartungen – worauf soll in der Beobachtung besonders geachtet werden?
- Anderen Beteiligten (z.B. den Kunden) eine Erklärung bezüglich der Funktion des Coaches geben.

Kommentar:
Arbeitsblätter zur Vorbereitung und zum Vorgespräch finden Sie ab *Seite 193*.

Visualisierungshilfe:

Der Coaching-Prozess
Das Vorgespräch

- Aktuelle persönliche Verfassung des Mitarbeiters aufnehmen
- „Welche Ziele wollen Sie im Kundengespräch erreichen?"
- „Welche Schwierigkeiten erwarten Sie?" (evtl. Tipps geben)
- „Worauf sollte ich als Coach besonders achten?"
- („Wie werden Sie mich beim Gesprächspartner vorstellen?")
- Coaching als individuelle Hilfe darstellen
- Feedback-Regeln erläutern

6. Der Coaching-Prozess

6.2. Die Beobachtung

Lernziel:
Verhalten während der Beobachtung erarbeiten.

Diskussion und Vortrag

Laden Sie Ihre Teilnehmer zur Diskussion ein: „Wie verhalte ich mich als Beobachter, als Coach bei einem Gespräch?"

Zeitbedarf:
10 Minuten

Die Teilnehmer diskutieren diese Fragestellung im Plenum. Die Ergebnisse werden vom Trainer auf dem Flip-Chart festgehalten.

Fassen Sie anhand einer Folie die wichtigsten Punkte zusammen:

Visualisierungshilfe:

Der Coaching-Prozess
Die Beobachtung

Ich werde ...

- zuhören
- Notizen machen
- im Gespräch passiv bleiben
- ein Nachgespräch führen

- Der Coach nimmt passiv als Beobachter am Gespräch teil.
- Er hält sich zurück. Seine Aufgabe liegt zu diesem Zeitpunkt lediglich in der schriftlichen Erfassung der Tätigkeitsbereiche.
- Bei der Beobachtung eines Verkaufsgesprächs können das sein: Zielerreichung, Art der Vorbereitung, Verwendung bestimmter Techniken, Erkennen von Kaufsignalen, erkennbarer roter Faden, Einsatz von Unterlagen, Folgevereinbarungen treffen.

Aspekt Kommunikationstheorie:
Erläutern Sie die Bedeutung des Verhältnisses zwischen Sender und Empfänger, d.h., Botschaften werden vom Sender so formuliert, dass der Empfänger sie richtig verstehen kann. Wenn eine Botschaft falsch verstanden wird, kann der Erfolgsprozess negativ beeinflusst werden.

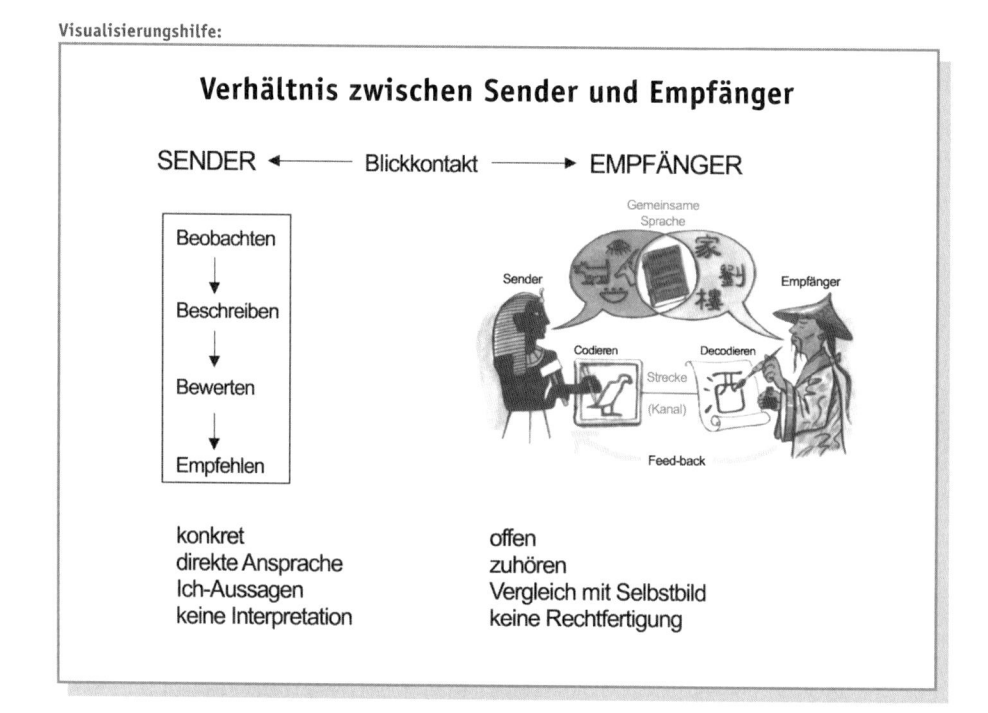

Visualisierungshilfe:

Verhältnis zwischen Sender und Empfänger

SENDER ←— Blickkontakt —→ EMPFÄNGER

Beobachten
↓
Beschreiben
↓
Bewerten
↓
Empfehlen

konkret
direkte Ansprache
Ich-Aussagen
keine Interpretation

offen
zuhören
Vergleich mit Selbstbild
keine Rechtfertigung

Gemeinsame Sprache
Sender — Codieren — Strecke (Kanal) — Decodieren — Empfänger
Feed-back

Kommentar:
Falls Bedarf besteht, können an dieser Stelle Einflussfaktoren der Kommunikation (Emotionen, Störungen, Erwartungen, Zufälle, Interesse, Atmosphäre o.ä.) behandelt werden ebenso wie Kommunikationsverluste und ihre Umstände.

Ein Beobachtungsblatt für den Coach finden Sie auf *Seite 202/203*.

6. Der Coaching-Prozess

6.3. Das Coaching-Gespräch

Lernziel:
Vorbereitung auf den Ablauf eines Coaching-Gesprächs.

Gruppenarbeit
(15 Minuten)

Lassen Sie folgende Fragestellungen durch die Teilnehmer selbst erarbeiten und präsentieren:
- Wie beginnt ein Coaching-Gespräch?
- Welche Aufgaben habe ich, welche Aufgaben hat mein Gesprächspartner beim Einstieg?

Präsentation
(5 Minuten/Gruppe)

Reflexion
(15 Minuten)

Fassen Sie die Ergebnisse im Plenum zusammen. Vervollständigen Sie, wenn Sie den Eindruck haben, dass bestimmte Inhalte nicht berücksichtigt wurden.

Zum Ablauf eines Coaching-Gesprächs beginnen Sie mit der Darstellung seiner Phasen in Kurzform.

Visualisierungshilfe:

Ablauf eines Coaching-Gesprächs in Kurzform

1. Selbstanalyse des Mitarbeiters
Wie haben Sie das Gespräch empfunden?
Was ist Ihnen positiv/negativ aufgefallen?
Wie ist Ihre Selbsteinschätzung?

2. Die Verhaltensbeschreibung
Mir ist noch aufgefallen ...
Ich habe noch beobachtet, dass ...
Was sagen Sie dazu?
(Die Stellungnahme des Mitarbeiters ist erwünscht)

3. Die Verhaltensbewertung
War das gut?
War das weniger bzw. nicht gut?

4. Die Verhaltensempfehlung
Was können Sie verbessern?
Wie können Sie das verbessern?
Welchen Nutzen haben Sie davon?

5. Die Vereinbarung
Konkrete Ziel- und Maßnahmenformulierung
Organisation kommender Coaching-Gespräche

Lassen Sie die Teilnehmer in drei Gruppen folgende Fragestellung erarbeiten und im Plenum präsentieren:
- Wie ist der ideale Ablauf eines Coaching-Gesprächs nach der Beobachtung? Finden Sie fünf wesentliche Überpunkte als Überschrift.

Fassen Sie die wichtigsten Ergebnisse zusammen. Legen Sie ggf. die Folie der vorigen Seite auf und ergänzen Sie die Ergebnisse.

Kommentar:
Die einzelnen Phasen des Coaching-Gesprächs werden ausführlich im Folgekapitel *(ab Seite 183)* behandelt. Es kann sinnvoll sein, das vorangegangene Sheet zunächst nur kurz zur Orientierung aufzulegen, um es später noch einmal als Zusammenfassung der Gesprächsphasen zu verwenden.

6.4. Die Nachbereitung

Lernziel:
Inhalte der Nachbereitung erarbeiten.

Gruppenarbeit

Lassen Sie Ihre Teilnehmer folgende Fragestellungen anhand einer Person aus ihrer Berufspraxis fiktiv durchspielen:

Zeitbedarf:
20 Minuten

- Womit soll eine Leistungsverbesserung des Mitarbeiters kontrolliert werden?
- Was ist dafür bis wann zu tun?
- Mit welchen Mitteln kann der Mitarbeiter für die Zielerreichung begleitet werden?
- Welche konkreten Vereinbarungen wurden getroffen?
- Welche Termine sind zu berücksichtigen?
- Aktionsplan

Kommentar:
Arbeitsunterlagen für das Feldtraining finden Sie auf *Seite 211 ff*.

7. Die fünf Phasen des Coaching-Gesprächs

Erreichbare Trainingsziele

- Erarbeiten der Phase der Selbstanalyse.
- Erarbeiten der Phase der Verhaltensbeschreibung.
- Erarbeiten der Phase der Verhaltensbewertung.
- Erarbeiten der Phase der Verhaltensempfehlung.
- Erarbeiten der Phase der Vereinbarung.

Trainer-Tools

- Vortrag mit Präsentationsvorlagen (Overhead, PowerPoint)
- Gruppendiskussion

7. Die fünf Phasen des Coaching-Gesprächs

7.1. Die Selbstanalyse 183

7.2. Die Verhaltensbeschreibung 185

7.3. Die Verhaltensbewertung 187

7.4. Die Verhaltensempfehlung 188

7.5. Die Vereinbarung 189

7. Die fünf Phasen des Coaching-Gesprächs

7.1. Die Selbstanalyse

Lernziel:
Erarbeiten der ersten Phase des Coaching-Gesprächs.

Diskussion und Vortrag

Lassen Sie die Teilnehmer folgende Fragestellungen bearbeiten:
- Was verstehen Sie unter Selbstanalyse?
- Was ist wichtig bei einer Verhaltensbeschreibung?

Zeitbedarf: 25 Minuten

Fassen Sie die wichtigsten Ergebnisse zusammen.

Vortrag:
Stellen Sie sicher, dass die Teilnehmer verstehen, dass der Coachee sich zunächst zu seinem eigenen Verhalten in der Kundensituation äußert. Der Coach hält sich in dieser Situation in seiner Beurteilung zurück.

Visualisierungshilfe:

Das Coaching-Gespräch
Die Selbstanalyse

- Offene Fragen zum subjektiven Erleben des Kundengesprächs

- Zuhören (Schweigen, Blickkontakt, Verständnisfragen stellen)

- Nachfragen, Hinterfragen (evtl. Gesprächsphasen differenzieren)

Der Coach stellt Verständnisfragen und differenziert – falls erforderlich – die einzelnen Gesprächsphasen.

Mögliche Fragen sind:
- Wie haben Sie das Gespräch empfunden?
- Was ist Ihnen positiv/negativ aufgefallen?
- Wie ist Ihre Selbsteinschätzung?

Kommentar:
In dieser Phase sollte der Coachee noch nicht von Meinungen, Bewertungen o.ä. des Coaches beeinflusst sein.

7. Die fünf Phasen des Coaching-Gesprächs

7.2. Die Verhaltensbeschreibung

Lernziel:
Erarbeiten der zweiten Phase des Coaching-Gesprächs

Vortrag und Meinungen sammeln

Weisen Sie die Teilnehmer darauf hin, dass es im Coaching-Gespräch besonders darauf ankommt, den Mitarbeiter selbst die Situation beschreiben und bewerten zu lassen mit der Zielsetzung, dass über Alternativen nachgedacht und diskutiert wird.

Zeitbedarf: 20 Minuten

Visualisierungshilfe:

Das Coaching-Gespräch
Die Verhaltensbeschreibung

Das Verhalten in den entscheidenden Situationen

- beschreiben (zitieren, spiegeln, fragen: „Wie haben Sie das erlebt?")
- bewerten (begründen – Kriterien: nützlich, erschwerend)
- ... und Alternativen diskutieren

Mögliche Ansätze zum Thema sind:
- Mir ist aufgefallen, dass ...
- Ich habe noch beobachtet, dass ...
- Was sagen Sie dazu? (Die Stellungnahme des Mitarbeiters ist ausdrücklich erwünscht.)

Kommentar:
Eine sinnvolle Überleitung zu den Folgephasen des Coaching-Gesprächs können Sie schaffen, indem Sie bereits erste Stimmen sammeln.

Zeitbedarf:
20 Minuten

Holen Sie sich hierzu von den Teilnehmern zu den folgenden Fragestellungen Meinungen ein und lassen Sie diese in der Gruppe diskutieren.

- Was beinhaltet eine Verhaltensbewertung und wie übe ich diese aus?
- Was ist eine Verhaltensempfehlung beim Coaching?
- Was ist Inhalt einer Vereinbarung?
- Welche Kernpunkte werden angesprochen?

7. Die fünf Phasen des Coaching-Gesprächs

7.3. Die Verhaltensbewertung

Lernziel:
Erarbeiten der dritten Phase des Coaching-Gesprächs.

Fassen Sie anhand der Aussagen der OH-Folie zusammen, was in der Verhaltensbewertung beim Coaching-Gespräch wichtig ist.

Vortrag und Diskussion

Zeitbedarf:
15 Minuten

Visualisierungshilfe:

Das Coaching-Gespräch
Die Verhaltensbewertung

- ... orientiert sich am Kriterium „nützlich/erschwerend" für die Zielerreichung.

- ... wird durch eine konkrete Begründung untermauert.

- ... formuliert auch, was der Coach in dieser Situation vermisst hat.

- Was war gut?
- Was war weniger bzw. nicht gut?

Kommentar:
Vermitteln Sie den Teilnehmern, dass der Coachee stets weiß, welchen Nutzen ihm diese Gesprächsphase bringt. Fragen Sie die Teilnehmer, welchen Nutzen und welche Zielsetzung sie mit der Bewertung verbinden.

7.4. Die Verhaltensempfehlung

Lernziel:
Erarbeiten der vierten Phase des Coaching-Gesprächs.

Vortrag und Diskussion

Zeitbedarf: 15 Minuten

Fassen Sie anhand der Aussagen der OH-Folie zusammen, was in der Verhaltensempfehlung beim Coaching-Gespräch berücksichtigt werden sollte.

Visualisierungshilfe:

Das Coaching-Gespräch
Die Verhaltensempfehlung

- ... formuliert immer den Nutzen dieses neuen, anderen Verhaltens für den Mitarbeiter.

- ... setzt erst ein, wenn der Mitarbeiter selbst versucht hat, Verhaltensänderungen zu formulieren.

- ... berücksichtigt die Persönlichkeit des Mitarbeiters.

- ... ist nur dann eine Verhaltensbeeinflussung, wenn sie angenommen wird. Annahme setzt Motivation, Lernbereitschaft und Selbstkritikfähigkeit voraus.

- ... wird vom Coach „auf einer Ebene" formuliert.

- ... kann über das zukünftige Können des Mitarbeiters und damit über Ihren Erfolg als Coach entscheiden.

- Was können Sie verbessern?
- Wie können Sie das verbessern?
- Welchen Nutzen haben Sie davon?

Kommentar:
Vermitteln Sie den Teilnehmern, dass der Coachee auch hierbei stets weiß, welchen Nutzen ihm die Empfehlungen bringen. Fragen Sie die Teilnehmer, wie man hierbei die Persönlichkeit des Mitarbeiters berücksichtigen kann.

7. Die fünf Phasen des Coaching-Gesprächs

7.5. Die Vereinbarung

Lernziel:
Erarbeiten der fünften Phase des Coaching-Gesprächs.

Vortrag

Fassen Sie anhand der Aussagen der OH-Folie zusammen, was in der Vereinbarungsphase des Coaching-Gesprächs wichtig ist.

Zeitbedarf:
15 Minuten

Visualisierungshilfe:

Das Coaching-Gespräch

Die Vereinbarung

- Erkenntnisse aus dem Gespräch erfragen

- Ziele für die nächsten Gespräche vereinbaren

- Termin für nächstes Coaching abstimmen

In der abschließenden Coaching-Phase geht es vor allen Dingen um konkrete Ziel- und Maßnahmenformulierungen. Auf dieser Grundlage werden die kommenden Coaching-Gespräche organisiert.

Kommentar:
Vermitteln Sie den Teilnehmern, dass der Coachee wissen muss, wie verbindlich die getroffenen Vereinbarungen sind.

Zeitbedarf: Falls es die Zeit zulässt, präsentieren Sie abschließend noch einmal
10 Minuten eine Kurzzusammenfassung des Ablaufes eines Coaching-Gesprächs. Eine geeignete Präsentationsvorlage entnehmen Sie dem Vorgängerkapitel *(siehe Seite 178)*.

Weisen Sie abschließend noch einmal auf die Ziele hin, die mit Coaching-Maßnahmen erreicht werden sollen, um den Phasenverlauf des Coaching-Gesprächs transparent zu machen.

8. Arbeitsmaterialien zum Mitarbeiter-Coaching

Geeignet für folgende Inhalte:

- Spielregeln im Zielvereinbarungsprozess
- Coaching-Regeln
- Mitarbeiter-Analyse
- Persönliche Stärken des Mitarbeiters
- Motiv-Analyse
- Gesprächsbeobachtung
- Regeln für das Coaching-Gespräch
- Feedbackregeln

Trainer-Tools

- Vorlage für Memokarten
- Formulare
- Stichwortsammlungen
- Strukturierungsvorlage
- Coaching-Pass
- Checklisten

8. Arbeitsmaterialien zum Mitarbeiter-Coaching

8.1. Materialien zur Vorbereitung 193

8.2. Materialien zur Beobachtung 202

8.3. Materialien für das Coaching-Gespräch 205

8.4. Materialien zur Nachbereitung 211

8. Arbeitsmaterialien

8.1. Materialien zur Vorbereitung

Die sieben wichtigsten Spielregeln im Zielvereinbarungsprozess.

Vorlage für Memokarte

Alternativ: Diskussionsvorlage

Alternativ: Arbeitsblatt

1. Ziele müssen unter Anstrengung erreichbar (also realistisch) sein.

2. Ziele müssen
   - klar definiert,
   - überprüfbar,
   - beobachtbar (gilt für qualitative Ziele),
   - also operational sein.

3. Ziele müssen unter Beteiligung des Mitarbeiters formuliert werden. Ziel ist dabei immer: Die Akzeptanz beider Seiten.

4. Ziele müssen bereichs- bzw. abteilungsübergreifend abgestimmt sein.

5. Ziele müssen generell erstrebenswert sein, es darf keine Grundwerte-Konflikte geben.

6. Maximal fünf bis sieben Ziele pro Jahr, die ca. 50 bis 70 Prozent der Normalzeit benötigen.

7. Art und Rhythmus der Ziel-Ergebnis-Analyse (Kontrolle) festlegen.

Das Ziel Ihrer Coachings ist erreicht, wenn der Mitarbeiter unter Anwendung des vermittelten Wissens seine Zielvorgaben zu den vorgegebenen Terminen erfüllt.

- Mein persönliches Coaching-Ziel für meine Mitarbeiter im Team ist:

- Mein persönliches Coaching-Ziel für den Mitarbeiter xy ist:

Checkliste **Ziel-Ergebnis-Analyse (Kontrolle)**

Sicherstellen, dass die Aktivitäten trotz möglicher Störungen zur Erreichung der gesteckten Ziele führen.

Es gelten folgende Regeln:

1. Bei der Ziel-Ergebnis-Analyse steht die Selbstüberprüfung des Mitarbeiters an erster Stelle (Eigenkontrolle vor Fremdkontrolle).

2. Die Ziel-Ergebnis-Analyse ist um so leichter, je klarer und präziser die Ziele formuliert wurden.

3. Bei der Ziel-Ergebnis-Analyse sind in erster Linie die Gründe für mögliche Abweichungen zu finden. Die Ziel-Ergebnis-Analyse ist in erster Linie Lernsituation. Insofern sind Abweichungen völlig normal.

4. Nach abgeschlossener Ziel-Ergebnis-Analyse sind neue bzw. veränderte Maßnahmen zu vereinbaren, um die Zielwirkung der ursprünglich formulierten Ziele doch noch zu erreichen. Die Analyse kann aber auch zu einer Veränderung der ursprünglich vereinbarten Ziele führen, im Extremfall zu einer völligen Revision der Ziele.

Ziel-/Coaching-Vereinbarungsformular   *Formular*

Mitarbeiter:		Datum:	
Aufgabe:			
Welches Ziel (Aufgabe) soll realisiert werden?			
Aufgaben:		Zeitaufwand Fertig bis:	ja
delegiert von:		delegiert an:	
fertig bis (Termin):		Ergebnis:	

Formular **Zielsetzungsformular für den Mitarbeiter**

Ziele setzen heißt Arbeit/Leben gestalten
Man weiß, wohin man will und plant, welche Endstufe es zu erreichen gilt.

Die Zielsetzung erfolgt über drei Stufen

1. Zielanalyse: (Was will ich?)
2. Situationsanalyse: (Was kann ich?)
3. Zielformulierung: (Welches Ziel will ich erreichen?)

Berufliche Ziele (kurz-, mittel-, langfristig)

- Zielinhalt
  Was soll erreicht werden?
- Zieltermin
  Wann soll es erreicht werden?
- Zielerreichung
  Wie kann es erreicht werden?

Private Ziele (kurz-, mittel-, langfristig)

- Lebensziel
- Familiäres Ziel
- Qualitatives Ziel

Ziele müssen eindeutig und schriftlich festgehalten werden!

8. Arbeitsmaterialien

Coaching-Regeln *Checkliste*

1. Informieren Sie Ihre Mitarbeiter über alle Ergebnisse der kleineren und größeren Geschäftsbereiche.

2. Legen Sie Coaching-Ziele fest.

3. Erklären Sie, **warum** bestimmte Dinge auf eine ganz bestimmte Weise durchgeführt werden sollen.

4. Erklären Sie, worin Ihre eigene Aufgabe und Arbeit besteht.

5. Erklären Sie, worin die Aufgabe des Mitarbeiters besteht.

6. Bitten Sie um die erfahrene Kritik Ihrer Mitarbeiter.

7. Öffnen Sie sich zum Dialog mit Ihren Mitarbeitern.

8. Kritisieren Sie nicht. Analysieren Sie und geben Sie dem Mitarbeiter die Möglichkeit, die Dinge selbst zu erkennen.

9. Fordern Sie Ihren Mitarbeiter, aber überfordern Sie ihn nicht.

10. Schaffen Sie mit dem Mitarbeiter die Voraussetzung, dass er seine Aufgabe meistern kann und verhelfen Sie ihm zur Qualifikation.

Vorlage für Memokarte

Alternativ: Stichwortgeber für Präsentationsvorlage

Coaching – eine Stichwortsammlung

- Coaching ist personenbezogen – nicht thematisch angelegt.
- Coaching ist Einzelberatung – kein Seminar, kein Kurs, kein Unterricht, keine Psychotherapie.
- Coaching befasst sich mit der Rolle „Führungskraft" – nicht mit anderen Rollen, die die Person auch sonst noch einnimmt.
- Im Vorgespräch werden Anlass, Inhalt, Ziel, Dauer, Spielregeln für das Coaching geklärt.
- Coaching ist ein offener Lern- und Entwicklungsprozess, in Ablauf und Ergebnis nicht prognostizierbar, keine Expertenanleitung zur Problemlösung.
- Gecoachte Mitarbeiter (Coachees) experimentieren häufig mit neuem Kontaktverhalten.
- Die Umgebung gerät dadurch in einen Lernprozess.
- Im Coaching sind Lernexperimente möglich.
- „Peinliche" und „verbotene" Gefühle wie Ärger, Schuld, Trauer, Schmerz, Angst kommen vor und werden zugelassen.
- Ungewohntes Verhalten wie schimpfen, fluchen, toben, ratlos, verlegen, traurig sein, nachgeben, Neinsagen wird akzeptiert.
- Vermiedene oder unausgesprochene Konflikte bilden einen erheblichen Teil aller Coachings.
- Coaching ermöglicht Probehandeln.
- Coaching bereitet auf Konfliktkontakte im Arbeitsalltag vor:
  - Was erlebe ich? (Wahrnehmung)
  - Was denke und empfinde ich dabei? (Reaktion)
  - Was will ich? (Absicht)
  - Was will ich nicht hinnehmen? (Grenzen)
  - Welche Alternativen habe ich? (Handlungsfeld)
- Im Coaching gibt es keine „Lösung".
- Coaching ist ein zeitlich begrenzter, im Ergebnis jedoch offener Prozess.

8. Arbeitsmaterialien

Mitarbeiter-Analyse (Vor Coaching-Beginn)   *Formular*

Tragen Sie hier das Ergebnis Ihrer Überlegungen über Ihren Mitarbeiter ein.

Mitarbeiter: _____

1. Was kann/tut er jetzt?

2. Was soll er können/tun? Bis wann?

3. Was muss er wissen, damit er es tun kann?

4. Auf welche Motive kann ich ihn ansprechen?

5. Wie sorge ich dafür, dass er schnell und sicher lernt?

6. Wie kontrolliere ich, dass er es kann?

7. Was ist das Zwischenziel zur Aufgabe?

8. Was werde ich tun, wenn er das Ziel erreicht?

9. Was werde ich tun, wenn er das Ziel nicht erreicht?

Formular **Die persönlichen Stärken meines Mitarbeiters**

	ja	nein
• Positive Charaktereigenschaften		
• Flexibel		
• Verantwortungsbewusst		
• Selbstständig		
• Kontaktfreudig		
• Durchsetzungsfähig		
• Belastbar		
• Loyal		
• Ehrgeizig		
• Kritisch		
• Zielorientiert		
• Ehrlich		
• Gutes Fachwissen		
• Fleißig		
• Teamfähig		
• Lernfähig		
• Zuverlässig		
• Kontaktstark		
• Unternehmerisch handelnd		
• Vertrauenswürdig		
• Hoher Einsatzwille		
• Mutig		
• Angenehmes Auftreten		
• Erreicht Zielvorgaben		

8. Arbeitsmaterialien

Motiv-Analyse *Formular*

Die Motiv-Analyse hilft Ihnen im Vorfeld, sich über mögliche Motive Ihres Mitarbeiters bewusst zu werden, um in der Zusammenarbeit mit ihm diese Motive zu interpretieren und gezielt anzusprechen. Gleichzeitig dient dieses Formular dazu, auch ein Gesamtbild aller Ihrer Mitarbeiter zu bekommen.

Indem Sie sich Gedanken über jeden einzelnen Mitarbeiter machen, den Sie coachen wollen, legen Sie für diesen die Prioritäten der drei für ihn zutreffendsten Motive fest.

Tragen Sie ein, welche Motive für Ihre Mitarbeiter besonders wichtig sind.

Name			
Sicherheit			
Bequemlichkeit			
Liebe/Anerkennung			
Kontakt			
Prestige			
Gewinn			
Gesundheit			
Selbsterhaltung			

8.2. Materialien zur Beobachtung

Formular **Der Coaching-Pass**

Anhand des Beispiels Verkaufstraining stellen wir Ihnen einen Coaching-Pass zur Verfügung. Sie können ihn dann verwenden, wenn Sie Ihre Mitarbeiter in der Verkaufssituation beobachten.

Ergänzen Sie die Inhalte und übertragen Sie sie am besten auf ein DIN-A4-Blatt. Bewerten Sie die zu beobachtenden Verhaltenselemente. Die Skala geht von 0% (--) bis 100% (++).

Kommentar:
Lassen Sie den Coachee selbst beurteilen, wie er sein Gesprächsverhalten wahrgenommen hat. Vergleichen Sie seine Einschätzungen mit Ihren eigenen. Wo finden sich Überschneidungen, wo gehen die Wahrnehmungen auseinander? Sie können die Abweichungen wie im Beispiel auf Seite 204 visualisieren. Auf diese Weise klären Sie, wo verbessert werden kann bzw. wo die Stärken des Coachees zu finden sind.

Coaching-Pass	unerlässlich	sehr wichtig	wichtig	--	-	=	+	++
I. Allgemein								
Konzentration auf den Kunden	x							
Umgang mir den Sprachregelungen		x						
Engagement für den Kunden		x						
Kommentar:								
II. Einsatz der Stimme								
freundlicher Tonfall			x					
Geschwindigkeit/Aussprache		x						
Modulation		x						
Pausen			x					
deutliche Aussprache		x						
Kommentar:								

8. Arbeitsmaterialien

	unerlässlich	sehr wichtig	wichtig	--	-	=	+	++
III. Klimafaktoren								
hört aktiv zu, bezieht sich auf KD-Äußerungen	x							
fasst zusammen		x						
vermeidet Reizwörter	x							
formuliert positiv	x							
formuliert direkt		x						
übermittelt Informationen verständlich		x						
verzichtet auf Fachbegriffe	x							
verzichtet auf Konjunktive		x						
Kommentar:								
IV. Gesprächsstruktur/Kundenorientierung								
Einstiegsphase/Motivierende Gesprächseröffnung								
Meldung, Begrüßung, Legitimation	x							
namentliche Begrüßung/Ansprache	x							
aktiver Einstieg	x							
Kommentar:								
Bedarfsermittlung/Fragestellung/Begründung								
Informationsfragen/offene Fragen	x							
Aktivierungsfragen	x							
Bedarf weckende Fragen/dirigierende Frage	x							
aktives Zuhören	x							
Kommentar:								
Angebot/Argumentation								
Überleitung			x					
Nutzenformulierung/Vorteil erklärt		x						
Abschlussfragen			x					
Zusammenfassung	x							
persönliche Verabschiedung			x					
Kommentar:								
V. Verkaufsorientierung								
Kaufsignale erkennen	x							
Bedarf wecken	x							
Gegenfrage stellen		x						
Abschlusstechniken anwenden		x						
Kommentar:								
VI. Einwandsbehandlung/Strategie beachten								
bedingte Zustimmung	x							
Umformulierung	x							
Kommentar:								
VII. Sonstiges								

© managerSeminare – Praxishandbuch Trainingskonzept

Beispiel:
Bewertung der Führungskraft (x), Bewertung des Coachee (c).
In diesem Modellfall gibt es starken Klärungsbedarf bei der Vermeidung von Reizworten. Das Verbesserungspotenzial des Coachees liegt vor allem im aktiven Zuhören. Dagegen hat die Führungskraft die verständliche Darstellung der Informationen wesentlich positiver wahrgenommen als der betreffende Coachee. Dies wäre in diesem Fall ein guter Anlass, den Mitarbeiter ausdrücklich zu loben.

	unerlässlich	sehr wichtig	wichtig	--	-	=	+	++
III. Klimafaktoren								
hört aktiv zu, bezieht sich auf KD-Äußerungen	x						x	c
fasst zusammen		x				x	c	
vermeidet Reizwörter	x						x	c
formuliert positiv	x					c	x	
formuliert direkt			x				c	x
übermittelt Informationen verständlich		x				c		x
verzichtet auf Fachbegriffe	x						c	x
verzichtet auf Konjunktive		x					x	c
Kommentar:								
IV. Gesprächsstruktur/Kundenorientierung								
...								
...								

8. Arbeitsmaterialien

8.3. Materialien für das Coaching-Gespräch

Regeln für das Coaching-Gespräch – eine Checkliste

Checkliste

1. Direkt nach jedem Kundengespräch sollte eine Auswertung mit dem Mitarbeiter erfolgen, da man sich zu einem späteren Zeitpunkt nicht mehr genau daran erinnern kann, welche Punkte wichtig waren.

2. Bieten Sie Ihrem Mitarbeiter Ihre Hilfe an und zeigen Sie nicht, wie gut Sie selbst verkaufen können.

3. Es ist Ihre Aufgabe, das Gespräch genau zu beurteilen. Stellen Sie fest, wie gut der Mitarbeiter in bezug auf strategische Vorgehensweise arbeitet.

4. Belehren Sie den Mitarbeiter nicht und beginnen Sie nicht mit negativen Punkten, sondern geben Sie Ihrem Mitarbeiter Anregungen, wie er in seinem eigenen Verhalten seine Fähigkeiten und sein Potenzial zur Geltung bringen kann.

5. Greifen Sie nur in das Gespräch mit dem Kunden ein, wenn es unbedingt notwendig ist. Wenn sich der Kunde auf Sie konzentriert, schaffen Sie Bereiche, die es Ihrem Mitarbeiter ermöglichen, das Gespräch weiterzuführen und nicht Sie. Sonst verliert Ihr Mitarbeiter gegenüber dem Kunden sein Gesicht.

6. Werten Sie direkt danach das Gespräch gemeinsam mit dem Mitarbeiter aus. Dabei ist wichtig, dass der Mitarbeiter selbst herausfindet, was richtig und was falsch gelaufen ist. Stellen Sie eine offene Frage, z.B.: „Schildern Sie aus Ihrer Sicht, wie das Gespräch verlaufen ist."

7. Anhand der Gesprächsergebnisse sollten Sie am Ende des Tages mit dem Mitarbeiter im Sinne von Zielvereinbarung die weitere Vorgehensweise festlegen.

8. Geben Sie dem Mitarbeiter eine Kopie der Gesprächsanalysen und legen Sie gemeinsam fest, an welchen Punkten er bezüglich seiner verkäuferischen Fähigkeiten weiter arbeiten soll.

Vorlage zur Aufbereitung des Verkaufsgesprächs

Ausgangssituation	
Angaben zum Kunden	
Welchen Gesprächseinstieg haben Sie gewählt?	

	Frage	Antwort d. Kunden
Welche Fragen haben Sie zur Bedarfsanalyse gestellt und welche Wünsche hatte der Kunde?		

Welches Angebot haben Sie mit welchen Argumenten unterbreitet?	

	Reaktion d. Kunden	Ihre Reaktion
Wie hat der Kunde auf das Angebot reagiert und wie sind Sie diesen Reaktionen begegnet?		

8. Arbeitsmaterialien

Weshalb sind Sie nicht zu einem Abschluss gekommen?	
Welchen latenten Bedarf haben Sie geweckt und wie sind Sie dabei vorgegangen?	
Wie beurteilen Sie das Kundenverhalten während des Gesprächs?	
Worauf führen Sie Ihren Beratungs- und Verkaufserfolg zurück?	
Skizzieren Sie im Einzelnen den Gesprächsablauf	
Was scheint Ihnen verbesserungsfähig?	

Checkliste **Das Wesen des Feedbacks**

Feedback soll sein:

- **Beschreibend:** Das steht im Gegensatz zu bewertend, interpretierend oder Motive suchend. Indem man moralische Bewertungen unterlässt, vermindert man beim anderen den Drang, sich zu verteidigen und die angebotene Information abzulehnen.

- **Konkret:** Das steht im Gegensatz zu allgemein. Beispiel: Wenn man jemandem sagt, er sei dominierend, so hilft ihm das vielleicht viel weniger, als wenn man sagt: „Gerade jetzt, als wir in dieser Sache zu einer Entscheidung kommen wollten, haben Sie nicht auf das gehört, was andere sagten."

- **Angemessen:** Feedback kann zerstörend wirken, wenn wir dabei nur auf unsere eigenen Bedürfnisse schauen und wenn dabei die Bedürfnisse der anderen Person, der wir diese Informationen geben wollen, nicht genügend berücksichtigt werden. Angemessenes Feedback muss daher die Bedürfnisse aller beteiligten Personen in rechter Weise berücksichtigen.

- **Brauchbar:** Es muss sich auf Verhaltensweisen beziehen, die der Empfänger zu ändern fähig ist. Wenn jemand auf Unzulänglichkeiten aufmerksam gemacht wird, auf die er keinen wirksamen Einfluss ausüben kann, fühlt er sich nur um so mehr frustriert.

- **Rechtzeitig:** Normalerweise ist Feedback am wirksamsten, je kürzer die Zeit zwischen dem betreffenden Verhalten und der Information über die Wirkung dieses Verhaltens ist. Es müssen jedoch auch noch andere Gegebenheiten berücksichtigt werden, z.B. die Bereitschaft dieser Person, solche Informationen anzunehmen, sowie äußere Umstände (z.B. Anwesenheit anderer Mitarbeiter, Zeitfaktor).

- **Klar und genau formuliert:** Das kann man nachprüfen, indem man den Empfänger auffordert, die gegebene Information mit eigenen Worten zu wiederholen und dann diese Antwort mit der Intention des Beobachters vergleicht.

8. Arbeitsmaterialien

Feedback-Regeln

1. **Ich statt man**
   Also: „Ich meine, dass ...", statt: „Man sollte doch ...". Zu Ihrer eigenen Reaktionen sollten Sie sich auch bekennen und nicht hinter dem anonymen „man" verstecken.

2. **Nachfragen**
   Also: „Habe ich Sie richtig verstanden ...?" oder „Haben Sie damit gemeint ...?". Die Gefahr von Missverständnissen können Sie verringern, indem Sie von vorne herein durch Nachfragen Wesentliches, Unklares, Wissenswertes erfragen.

3. **Beschreiben statt bewerten**
   Also: „Sie haben nichts zu dem Thema gesagt ...", statt: „Sie haben wohl kein Interesse ...". Bevor Sie Verhalten deuten, sollten Sie erst einmal weiter beobachten und nachfragen.

4. **Eigene Gefühle mitteilen statt Verhaltensinterpretationen**
   Also: „Wenn Sie sich so oft zu Wort melden, ärgert mich das; ich habe den Eindruck, dass Sie ...". Sie interpretieren Ihren Partner nicht endgültig, sondern lassen ihm wissen, wie sein Verhalten bei Ihnen ankommt.

5. **Gefühle möglichst eindeutig äußern**
   Also: „Es freut mich, dass ...". Gefühle sollten Sie nicht verstandesmäßig durchleuchten, sondern als „Tatsache" akzeptieren – besonders wenn es um die Bearbeitung der Beziehungsebene geht.

6. **Keine Rund-um-Verteidigung**
   Also nicht: „Was Sie da gesagt haben, stimmt überhaupt nicht, weil ...". Hören Sie zu, wenn Sie Rückmeldungen über Ihr Verhalten bekommen. Nehmen Sie die Gefühle, Eindrücke etc. Ihres Partners ernst, damit nicht ein sinnloses Hin und Her von Darstellung und Gegendarstellung entsteht.

7. **Sofortige Rückmeldung statt globaler Abrechnung**
   Warten Sie nicht, bis „es sich lohnt, über die vielen Kleinigkeiten zu sprechen", die Sie stören. Sie helfen sich und Ihrem Gesprächspartner, wenn Sie ihm unmittelbar Rückmeldung geben.

Vorlage für Memokarte

Alternativ: Stichwortgeber für Vortrag oder Diskussion

Kleine Probleme lassen sich leichter lösen als große, wo angestauter Ärger wieder „aufgewärmt" wird.

8. Nicht nur das Fehlerhafte ansprechen
Jeder Mensch hat positive und negative Seiten. Es nützt höchstens dem eigenen Selbstwertgefühl, wenn ich nur die negativen Aspekte des anderen betone, nicht aber das Postitve unserer Beziehung. Wenn Sie positive Dinge beim anderen feststellen, sagen Sie es ihm doch. Nutzen Sie diese Regel jedoch nicht als Taktik, um beim anderen etwas zu erreichen. Bleiben Sie ehrlich!

8.4. Materialien zur Nachbereitung

Welche Trainingsmethoden kenne ich? *Formular*

Erstellen Sie eine Übersicht der Trainingsmethoden, z.B. Rollenspiele, Gruppenarbeiten, Videoaufnahmen. Führen Sie auf, was erreicht wird und welche möglichen Nachteile auftreten können.

Methode	erreicht wird	Nachteile

Welche Trainingsmittel kenne ich?

z.B. OH-Bilder

Führen Sie die Punkte auf, die besonders zu beachten sind.

Mittel	Beim Einsatz zu beachten

8. Arbeitsmaterialien

Welche Trainingshilfsmittel stehen mir zur Verfügung?

z.B. OH-Projektor, Flip-Chart, PC, Beamer, Video, Film

Führen Sie die Punkte auf, die besonders zu beachten sind.

Hilfsmittel	Beim Einsatz zu beachten

Kontrolle des Trainingserfolges

Beschreiben Sie verschiedene Ziele, an denen Sie den Trainingserfolg messen wollen.

Beschreiben Sie ebenfalls, woran Sie erkennen wollen, dass die Ziele erreicht sind.

Ziel	Erreicht, wenn:

Vermarktung

Akquisitionshilfe zu „Die Führungskraft als Coach"

1. Wie überzeuge ich als Trainer die Kunden vom Nutzen meines Angebots?

Angesichts knapper Bildungsbudgets sind Sie als Trainingsdienstleister immer stärker gefordert, potenziellen Auftraggebern den geldwerten Nutzen Ihres Angebots überzeugend darzulegen. Dies gilt zunehmend auch für unternehmensintern agierende Weiterbildungsabteilungen. Ohne einen konkreten Nachweis über den Return on Investment ihrer Arbeit geraten sie schnell unter Legitimationsdruck – bei den nächsten Kostensenkungsmaßnahmen droht dann der Rotstift.

Als Trainer kennen wir in der Regel die vielfältigen Techniken, wie wir Akquisitionsgespräche und Kundenpräsentationen zu einem Erfolg führen. Und auch die entsprechenden Voraussetzungen hierfür sollten Trainern eigentlich bekannt sein: Es kommt maßgeblich auf das intensive Einüben solcher Techniken an, um die nötige Sicherheit für den Auftritt zu gewinnen, denn Gesprächssituationen und Gesprächsanlässe ändern sich mit jedem Kundenbesuch.

Gerade weil es sich hierbei jedoch einerseits um eine Selbstverständlichkeit, andererseits um unser ganz persönliches Verhalten als Trainer und Berater handelt, ist dies kein ganz leichtes Thema. Jeder muss sich wirklich engagieren, um ein optimales Ergebnis zu erzielen – eine Erfolgsgarantie gibt es dabei natürlich nicht. Jedoch kann man die Erfolgswahrscheinlichkeit für einen Trainingsabschluss deutlich steigern. Betrachten wir die verkaufstechnischen Fundamente etwas genauer.

Allgemein müssen wir beachten, dass ein Kunde einen Berater für jemanden hält, der ihn zum Kauf bewegen will. Der Kunde ist sich auch bewusst, dass der Trainer das Ziel hat, ihn zu einem Entschluss zu führen. Eine Einflussnahme, die im Augenblick vielleicht Widerstand in ihm erzeugt. Der Kunde will sich davor schützen, in eine Situation versetzt zu werden, in der er einen „Kaufzwang" fühlt und bringt daher Einwände.

Unser Ziel ist es, an seinem „Schild", was er hierzu aufgebaut hat, vorbeizukommen, damit unsere Botschaft beim Kunden ankommt und in die Tiefe geht. Wir wollen, dass uns der Kunde zuhört und uns positiv gegenübersteht. Hierbei sollten wir immer bestimmte psychologische Faktoren beachten, die das Verhalten des Menschen beeinflussen.

Dies sind in erster Linie Empfindungen, Antriebe und Bedürfnisse, die zusammenfassend als Motive bezeichnet werden und unseren Handlungen und Verhaltensweisen stets zugrunde liegen. Motive sind u.a. unser Streben nach Selbsterhaltung, Sicherheit, Gewinn, Bequemlichkeit, Prestige. Dazu gehört auch das Bedürfnis des Einzelnen, möglichst die richtige Entscheidung zu treffen – selbstverständlich gilt das auch für den Einkäufer von Bildungsleistungen.

Diese Erkenntnisse helfen uns, unseren Kunden zu beeinflussen, wenn unsere Gesprächsführung seine wesentlichen Motive berücksichtigt. Die Bedürfnisse/Motive variieren von Person zu Person und von Situation zu Situation.

Manche Gesprächspartner sehen den Gewinn in bestimmten Situationen als das Wichtigste an, andere dagegen setzen vielleicht Bequemlichkeit an die erste Stelle. Das bedeutet, dass wir als Berater täglich vor die Aufgabe gestellt werden zu analysieren, welches Bedürfnis/Motiv für den jeweiligen Kunden gerade wichtig ist. Denn genau da lohnt es sich, anzusetzen.

Wir wollen uns auf die Motive unseres Kunden einstellen, um im weiteren Gespräch fähig zu sein, die richtigen Argumente für ihn zu wählen und sie optimal anzuwenden. Dies gilt für den gesamten Projektablauf, von der ersten Kontaktaufnahme bis hin zum Abschluss und zur Arbeit im Training.

2. Welche Strategie kann ich verfolgen?

Um eine Entscheidung in unseren Gesprächen herbeizuführen, können wir eine Verkaufsstrategie anwenden, die aus vier Schritten besteht.

1. Jetzige Situation (IST) feststellen. Lösungen ergründen.
2. Wünsche des Kunden wecken.
3. Geeignete Vorschläge machen und geeignete Dienstleistungen anbieten.
4. Die Vorteile für den Kunden darstellen.

Zu 1.: Jetzige Situation (IST) feststellen

Um den Bedarf unseres Kunden analysieren zu können, müssen wir zunächst erfahren, wie seine jetzige Situation ist.

Welche Trainingsthemen sind für ihn wichtig? Wie sehen seine Organisationsstruktur und seine Arbeitsabläufe aus? Mit welchen Mitbewerbern arbeitet der Kunde? Welche Anforderungen stellt der Kunde an die Qualifikation seiner Mitarbeiter? Welche Mitarbeitergruppen kommen für Trainings in Frage? Usw.

Um dies festzustellen, wenden wir verschiedene Arten von Fragen an und erfahren auf diese Weise etwas über die Ist-Situation beim Kunden. Während der Kunde über die jetzige Situation berichtet, wollen wir intensiv zuhören und Notizen machen, um Ansatzpunkte für unsere Lösungsvorschläge zu finden.

Sobald wir im Großen und Ganzen einen Überblick über seine Ist-Situation gewonnen haben, müssen wir das Gespräch auf die Gebiete und Möglichkeiten unserer Dienstleistungen lenken, bei denen unserer Ansicht nach weitere Verbesserungen für den Kunden möglich sind. Natürlich gilt es für uns, nahtlos auf diese Themen überzuwechseln.

Wir haben die Möglichkeit, das Gespräch auf solche Gebiete zu lenken, indem wir z.B. fragen:

„Könnte es Ihnen helfen, wenn Sie durch die Zusammenarbeit mit uns die Verhaltensweisen Ihrer Mitarbeiter Ihrem Kunden gegenüber verbessern könnten?"

oder

„Haben Sie heute die Möglichkeit und die Mittel, Trainingsmaßnahmen für Ihre Mitarbeiter selbst durchzuführen?"

„Wäre das für die Zukunft von Interesse?"

Die Fragen, die wir stellen, sollten auf Geschäftsmöglichkeiten ausgerichtet sein, die mit den vorhandenen Lösungen nicht oder nicht so gut abgedeckt werden können.

Wichtig ist, nicht den Fehler zu begehen, schon jetzt auf Verbesserungen durch die Zusammenarbeit mit uns hinzuweisen. Selbst dann nicht, wenn wir den Bedarf sehen. Es ist von größter Bedeutung, dass auch der Kunde den Bedarf erkennt. Bevor dies nicht geschehen ist, ist er nicht bereit, über Änderungen zu sprechen.

Unsere Aufgabe ist es, den Kunden auf Themen zu bringen, bei denen er selbst die unbefriedigende Situation erkennt.

Zu 2.: Kundenwünsche wecken

Beim nächsten Schritt muss unser Kunde erkennen, dass es einen Bedarf für Veränderungen gibt. In ihm muss der Wunsch geweckt werden, diese Veränderungen vorzunehmen; denn sonst wäre das Gespräch an dieser Stelle beendet.

Hier kann die Wenn-Technik bei der Fragestellung von großem Nutzen sein. Sie ist ein gutes Mittel zur Aktivierung von Wünschen.

Beispiele:
„Wenn Sie durch die Einführung unseres Personalentwicklungskonzepts eine Komplettlösung bekämen, wäre das für Sie interessant?"

„Wäre es für Sie von Interesse, wenn unsere Trainingsdienstleistungen noch flexibler gestaltet werden könnten?"

Die Frageart, die hier dargestellt ist, soll natürlich Themen berühren, die für den Kunden interessant sind. Aufgrund dieser Technik werden die Wünsche des Kunden klar dargelegt. Er muss seine Wünsche selbst äußern!

Zu 3.: Geeignete Vorschläge machen – geeignete Trainingsleistungen anbieten

Jetzt erst – nachdem wir die Wünsche geweckt haben – unterbreiten wir unseren Vorschlag, unabhängig vom Stand der Verhandlungen.

Wir geben dem Kunden eine Beschreibung unseres Angebots und nutzen dafür unsere Präsentation. Wir empfehlen und heben die wichtigsten Punkte hervor, die den Nutzen der Zusammenarbeit zwischen dem Kunden und uns ausmachen. Wir betonen nochmals seine Wünsche, die ja schon vorher genannt wurden und verweisen in diesem Zusammenhang auf unseren Vorschlag, der es dem Kunden ermöglicht, eben diese Wünsche erfüllt zu bekommen.

Zu 4.: Die Vorteile für den Kunden darstellen

Wir beginnen mit einem wirksamen „Verkauf" der Vorteile, die der Kunde durch Annahme der von uns empfohlenen Lösungen hat. Wir „verkaufen" jeden Vorteil mit Hilfe der „Argumentationstechnik".

Sämtliche Argumente basieren ausschließlich auf dem Bedarf des Kunden. Er erkennt deren Bedeutung, nämlich die Veränderungen und Verbesserungen, die durch das Akzeptieren unserer Vorschläge möglich werden.

Zu diesem Zeitpunkt können wir, falls notwendig, Referenzen anführen, damit der Kunde nochmals in seiner Auffassung über die Zweckmäßigkeit unserer Lösungen bestärkt wird.

Wenn Sie mehr Hilfestellung für die Präsentation Ihrer Trainings beim Kunden brauchen ...

dann sollten Sie sich über das Trainer-Marketingtool von STS informieren. „Trainingsdienstleistung erfolgreich präsentieren und verkaufen" heißt die CD-ROM, mit der Sie die notwendigen Gesprächsstrategien und -techniken intensiv trainieren. Für das eigentliche Gespräch steht Ihnen ein Angebot von über 70 ausführlich erläuterten Präsentations-Charts zur Verfügung, die Sie für unterschiedliche Kundenanforderungen individuell zusammenstellen können.

Infos unter: www.managerseminare.de/marketingtool

3. Welchen konkreten Nutzen bietet die Ausbildung von Führungskräften zu Mitarbeiter-Coaches?

Die Ihnen vorliegenden Trainingsbausteine bieten vielfältige Optionen für die Behandlung von Führungsthemen – speziell für die Ausbildung von Führungskräften zu Coaches ihrer Mitarbeiter. Hierzu möchten wir Ihnen abschließend einige Argumentationshilfen mit auf den Weg geben, die sich in der Kundenpräsentation bereits gut bewährt haben.

Führung besteht in erster Linie darin, andere Menschen zu veranlassen, im Sinne der Unternehmensziele eine Leistung zu erbringen. Kein leichter Job, schließlich müssen dafür vielfältige Führungsaufgaben wahrgenommen werden wie Ziele vereinbaren, Prozesse steuern und bewerten oder Aufgaben delegieren.

Die größte und wichtigste Aufgabe des Vorgesetzten bleibt jedoch die Personalentwicklung und -förderung der eigenen Mitarbeiter. Denn diese bilden die Gewährleistung dafür, dass sich das Unternehmen dauerhaft und erfolgreich den technischen und ökonomischen Entwicklungen stellen kann.

Einen Mitarbeiter richtig zu fördern, stellt äußerst hohe Anforderungen an die Führungskraft. Schließlich ist sie gefordert, gemeinsam mit dem Mitarbeiter Wege zu finden, dessen Leistungen zu verbessern, ihn also nicht nur zu coachen, Training-on-the-job oder Feldbegleitung durchzuführen, sondern ihn und auch seine Kollegen zu trainieren. Sie muss beobachten können, unterschiedliche Einstellungen und Verhaltensweisen richtig einzuschätzen wissen, Verhaltensbarrieren überwinden, den Entwicklungsprozess begleiten und steuern und nicht zuletzt die Einhaltung von Teilzielen kontrollieren.

Dies zu erreichen, setzt neben der Persönlichkeit des Einzelnen auch vielfältiges Methodenwissen voraus, das im Rahmen der (universitären) Ausbildung in der Regel nicht beigebracht wird. Diese Fähigkeiten müssen daher konsequent trainiert werden. Dennoch zahlt es sich schnell aus. Im täglichen Arbeitsprozess ist gerade die Führungskraft wie kaum ein zweiter Mensch in der Lage, die eigenen Mitarbeiter als Coach zu „Bestleistungen" zu motivieren: Schließlich hat sie beste Kenntnisse über die organisatorischen Zusammenhänge, den Markt und seine Marktteilnehmer, sie kennt ihre Mitarbeiter und deren Konflikthintergründe, ist fachlich kompetenter Ansprechpartner und außerdem stets verfügbar.

Eine zum Mitarbeiter-Coach geschulte Führungskraft bringt deutliche finanzielle Vorteile für das Unternehmen:

- Sie hat starken Einfluss auf das Betriebsklima und die Arbeitszufriedenheit der Mitarbeiter und somit auf die Produktivität des Unternehmens.
- Sie engagiert sich in der Regel deutlich stärker und effizienter als vor der Ausbildung für die konsequente Fortführung des Personalentwicklungsprozesses.
- Sie erkennt frühzeitig eventuelle Konfliktherde und kann rechtzeitig dagegenwirken.
- Über das Coaching-Gespräch setzen sich alle Beteiligten selbstkritisch mit dem eigenen Verhalten auseinander – was die soziale Kompetenz aller Mitarbeiter erhöhen hilft.
- Die Führungskraft erkennt das Entwicklungspotenzial einzelner Mitarbeiter und kann daher passgenaue Trainings definieren.
- Sie kann preiswerte Training-on-the-job-Maßnahmen anstoßen sowie diese unter Umständen auch selber durchführen.

Wenn sich das Unternehmen entschließt, seine Führungskräfte zu Mitarbeiter-Coaches ausbilden zu lassen, investiert es in die dauerhafte Verbesserung der Arbeitsproduktivität, weil die Arbeitsprozesse und das Mitarbeiter-Know-how konsequent auf die geplanten Unternehmens(-teil)ziele ausgerichtet sind. Außerdem investiert es in deutlich geringere Weiterbildungskosten, weil die geschulten Führungskräfte entweder arbeitsplatznah selber schulen oder den Trainingsbedarf sehr gezielt festlegen können.

managerSeminare

Aus der Reihe „Trainingskonzepte" sind erschienen:

(Entweder als Buch oder direkt als lizenzfrei verwendbare Dateien mit allen vorgefertigten Inhalten und Bildern für den sofortigen Trainingseinsatz auf CD-ROM)

Erfolgreiche Kundenkontakte im Innendienst
Handbuch Trainingskonzept
Preis: 39,00 EUR
Bestell-Nr.: tb-4822
Mehr Infos:
www.managerseminare.de/tb/tb-4822

Erfolgreiche Kundenkontakte im Innendienst
CD - lizenzfreies Trainingskonzept
Preis: 299,00 EUR
Bestell-Nr.: tb-3957
Mehr Infos:
www.managerseminare.de/tb/tb-3957

Verkaufstechnik
Handbuch Trainingskonzept
Preis: 49,90 EUR
Bestell-Nr.: tb-4823
Mehr Infos:
www.managerseminare.de/tb/tb-4823

Verkaufstechnik
CD - lizenzfreies Trainingskonzept
Preis: 399,00 EUR
Bestell-Nr.: tb-3083
Mehr Infos:
www.managerseminare.de/tb/tb-3083

Präsentationstechnik im Verkaufsgespräch
Handbuch Trainingskonzept
Preis: 29,00 EUR
Bestell-Nr.: tb-4824
Mehr Infos:
www.managerseminare.de/tb/tb-4824

Präsentationstechnik
CD - lizenzfreies Trainingskonzept
Preis: 127,00 EUR
Bestell-Nr.: tb-3085
Mehr Infos:
www.managerseminare.de/tb/tb-3085

Führungstraining
CD - lizenzfreie Trainingsbausteine
Preis: 127,00 EUR
Bestell-Nr.: tb-3087
Mehr Infos:
www.managerseminare.de/tb/tb-3087

Die Führungskraft als Coach
CD - lizenzfreie Trainingsbausteine
Preis: 199,00 EUR
Bestell-Nr.: tb-3958
Mehr Infos:
www.managerseminare.de/tb/tb-3958

Mehr Infos im web:
www.managerseminare.de/trainingsmedien

managerSeminare

Jetzt kostenlos anfordern!

Hundert Medien für Trainer

Das aktuelle Verlagsprogramm von managerSeminare informiert Sie über etwa einhundert Medien für Trainer und Berater: Zeitschriften, Bücher, Videos, Poster, Spiele und Trainingskonzepte.

Die Themen:

- Markt/Existenzgründung
- Weiterbildungsrecht
- Didaktik
- Lebendiges Training
- Moderation
- Coaching
- Präsentationstraining
- Kommunikationstraining
- Führungstraining
- e-Learning
- Verkaufstraining
- Kundenorientierung
- Reklamationsbehandlung
- Telefonverkauf

Oder nutzen Sie den elektronischen
Neuerscheinungs-Informationsdienst:
www.managerseminare.de/newsletter

Anfordern unter Tel: 02 28 / 977 91-10
oder info@managerseminare.de
Kostenloser Download unter:
www.managerseminare.de/tb/tb-vp